Innovationen als Schlüssel für humanitäre Organisationen

Organisationen

Status quo und die Entwicklung von Erfolgsdeterminanten

AF200955

Innovationen als Schlüssel für humanitäre Organisationen

Status quo und die Entwicklung von Erfolgsdeterminanten

Angefertigt als Masterarbeit an der Hochschule Kempten im Studiengang Master of Arts (M.A.) in Internationale Unternehmensentwicklung (Global Business Development) Fakultät Betriebswirtschaft

Aufgabesteller: Prof. Dr. rer. pol. Katrin Stefan

Verfasser: **Michael Streitmayer**

Bibliografische Information der Deutschen Nationalbibliothek:

Die Deutsche Nationalbibliothek verzeichnet diese Publikation in
der Deutschen Nationalbibliografie; detaillierte bibliografische
Daten sind im Internet über dnb.dnb.de abrufbar.

Coverdesign:

Karin Kern . KERNWERK

Coverbild:

iStock.com/Thissatan

Herstellung und Verlag:

BoD – Books on Demand, Norderstedt

ISBN: 978-3-7460-9074-0

Vorwort

Über Humanitäre Hilfe und Innovationsmanagement zusammen nachzudenken, ist ein relativ neuer Ansatz, der das wissenschaftliche Fachgebiet der Humanitären Innovation eröffnet. Wie in der UNO Agenda 2030 beschlossen „Wir sind entschlossen, Armut und Hunger in allen ihren Formen und Dimensionen ein Ende zu setzen und sicherzustellen, dass alle Menschen ihr Potential in Würde und Gleichheit und in einer gesunden Umwelt voll entfalten können." Ja, wir sind dazu in der Lage, eine ausreichende Versorgung mit Nahrungsmitteln für siebeneinhalb Milliarden Menschen auf der Erde zu garantieren. Trotzdem werden dazu neue kreative Lösungen, ein Wissenstransfer und die Nutzung der Möglichkeiten von digitalen Netzwerken benötigt. Somit werden das Innovationsmanagement und all seine Methoden und Instrumente im humanitären Kontext immer wichtiger.

Angesichts der immensen Herausforderungen in der Welt, müssen nachhaltige und effiziente Lösungen geboten werden. Neue Technologien und Geschäftsmodelle, welche die Bedürfnisse der Menschen erfüllen, stehen uns zur Verfügung. Als Teil der Sonderinitiative ONE WORLD – No Hunger, hat das Bundesministerium für wirtschaftliche Zusammenarbeit und Entwicklung (BMZ) 14 grüne Innovationszentren in Partnerländern der Entwicklungsarbeit eröffnet. Ziel dieser Zentren ist die Nutzung von Innovationen im Bereich der Landwirtschaft und Lebensmittelproduktion um die lokale Nahrungsversorgung zu verbessern, das Einkommen von bäuerlichen Kleinbe-

trieben zu erhöhen und um Arbeitsplätze, vor allem in der Lebens-
mittelverarbeitung, zu schaffen. Die steigende Komplexität in der humanitären Hilfe erfordert auch komplett neue Ansätze, den Hunger
zu bekämpfen. Der Marshallplan mit Afrika des BMZ, ist ein überzeu-
gender Vorschlag, um abseits der bereits ausgetretenen Pfade, neue
Wege zu gehen.

Auf Grundlage eines Praktikums beim World Food Program
(WFP), bietet diese Forschungsarbeit einen Beitrag zu einem besseren Verständnis der neuesten Herangehensweisen in nachhaltiger
Entwicklung und humanitärer Hilfe. Das BMZ unterstützt den WFP
seit 2016 darin, ein Innovationszentrum zu betreiben, welches an digitalen Lösungen für die Welt ohne Hunger arbeitet.

Der Autor, mit Masterabschluss der Hochschule Kempten, bietet
einen gründlichen Überblick über den aktuellsten Stand der Humanitären Innovation. Desweiteren begründet er die Entwicklung in diesem Bereich und die notwendigen Rahmenbedingungen für neue Ideen
und Problemlösetechniken. Wer ein grundlegendes Verständnis der
Hauptakteure im Bereich Humanitäre Innovation erlangen möchte,
und darüber, was sie tun und wie sie den Herausforderungen einer
unberechenbareren und komplexeren Welt begegnen, wird in dieser
Arbeit nützliche Einblicke erhalten.

Eine Welt ohne Hunger ist möglich. Wissenstransfer, Kreativität und das Nutzbarmachen von digitalen Technologien werden uns dabei helfen, dieses Ziel zu erreichen.

Dr. Gerd Müller

Bundesminister **für** **wirtschaftliche** **Zusammenarbeit** **und** **Entwicklung**

Preface (English)

Considering „Humanitarian Aid" and „Innovation Management" as being connected is a quite new approach, paving the way to the academic field of Humanitarian Innovation. As enacted in the UN Agenda 2030 „we are determined to end poverty and hunger, in all their forms and dimensions, and to ensure that all human beings can fulfill their potential in dignity and equality and in a healthy environment". Yes, we are able to guarantee sufficient food supplies for the more than seven and a half billion people on earth. In any case, this requires new creative solutions, knowledge transfer and using the chances of digital networks. Hence, Innovation Management and its various methods and tools gain importants in the humanitarian context.

Given the immense challenges the world is facing, sustainable and efficient solutions need to be provided. New technologies and business models that meet peoples' need are at our disposal. As part of its special initiative ONE WORLD – No Hunger, the Federal Ministry for Economic Cooperation and Development (BMZ) has established green innovation centres in 14 partner countries for German development cooperation. The aim of the centres is to use innovation in the agriculture and food sector to increase regional food supplies, boost the income of smallholders, and to create more employment opportunities, particularly in the area of food processing. The increasing complexity in humanitarian aid also highlights the importance of entirely new ways of fighting hunger. The Marshall Plan with Africa, initiated by the BMZ, is a strong proposal to go beyond the beaten track.

Based on an internship at the World Food Program (WFP), this research provides an important contribution to a better understanding of recent approaches in sustainable development and humanitarian aid. As of 2016 the BMZ supports the WPF to establish an innovation center in Munich that is to come up with digital solutions to help us achieve a world without hunger.

The author, who graduated at Kempten University of Applied Science, offers a sound overview of the state of the art in Humanitarian Innovation. Furthermore, investigating the development in the field outlines the necessary framework for new ideas and problem solving approaches. People wanting to get an idea of who the main actors in the field of Humanitarian Innovations are, what they do and how they meet the challenges in an increasingly volatile and complex world, will find useful insights in this work.

A world without hunger is possible. Sharing our knowledge, creativity and harnessing the power of digital technology will help us to reach-this goal.

Dr. Gerd Müller

The German Federal Minister for Cooperation and Development

Kurzfassung

Die folgende Masterarbeit beschäftigt sich mit Innovationen im humanitären Sektor. Aufgrund der zunehmenden Komplexität globaler humanitärer Herausforderungen werden von Politik und Experten radikale Veränderungen in der humanitären Arbeit gefordert. Ein moderner Lösungsansatz ist hier, humanitäre Arbeit mit technologischen Innovationen und neuartigen Arbeitsweisen aus dem 21. Jahrhundert zu verknüpfen. Dies führt zu einem Paradigmenwechsel im humanitären Sektor, der in dieser Forschungsarbeit näher betrachtet wird. Der theoretische Teil der Arbeit beschreibt dabei die globalen Herausforderungen und die mit ihnen verbundenen nachhaltigen Entwicklungsziele und definiert zudem den allgegenwärtigen Innovationsbegriff. Im Kapitel „Status quo" wird ein Überblick über die Innovationsanstrengungen im humanitären Bereich gegeben und die neusten Arbeitsweisen und Technologietrends vorgestellt. Der empirische Teil zeigt die gewonnenen Erkenntnisse aus den Experteninterviews auf und verdeutlicht diese mit humanitären Projekten aus den Innovationseinrichtungen. Auf Grundlage der Erkenntnisse aus der Theorie und Praxis werden Handlungsempfehlungen für humanitäre Innovationseinrichtungen und erfolgreiche Innovationsprojekte abgeleitet. Nach der kritischen Diskussion in „Spiel mit dem Feuer" schließt die Arbeit mit einer Zusammenfassung und einem Ausblick ab.

Ziel dieser Mastarbeit ist es, humanitäre Innovationen genauer zu betrachten, eine Analyse der aktuellen Innovationsanstrengungen der Organisationen durchzuführen und Erfolgsfaktoren aufzustellen.

Keywords: Humanitarian Innovation, Global Goals, Disruptive, Human-Centered Design, Business, Development, Humanitäre Innovation, disruptiv, Entwicklungsziele, Nachhaltigkeit

Inhaltsverzeichnis

Abbildungsverzeichnis

Tabellenverzeichnis

Abkürzungsverzeichnis

Abb.	Abbildung
ALNAP	Active Learning Network for Accountability and Performance in Humanitarian Action
Aufl.	Auflage
BMZ	Bundesministerium für wirtschaftliche Zusammenarbeit und Entwicklung
bzw.	beziehungsweise
CEO	Geschäftsführer oder Vorstandsvorsitzender eines Unternehmens (Chief Executive Officer)
d. Verf.	der Verfasser
DFID	Großbritannien Ministerium für Internationale Entwicklung (Department for International Development)
engl.	Englisch
et al.	et alii (und andere)
etc.	et cetera
ff.	folgende
GAHI	Global Alliance for Humanitarian Innovation
GHL	Global Humanitarian Lab
HIF	Humanitarian Innovation Fund
HQ	Hauptverwaltung (Headquarter)
Hrsg.	Herausgeber
i.d.R.	in der Regel
ICRC	Internationales Komitee vom Roten Kreuz (International Committee of the Red Cross)
IWF	Internationaler Währungsfonds
MDGs	Millennium-Entwicklungsziele (Millenium Development Goals)
MSC	Ärzte ohne Grenzen (Médecins Sans Frontières)
MVP	Minimal funktionsfähiges Produkt (Minimum Viable Product)
NGO	Nichtregierungsorganisation (Non-Governmental Organisation)
o.V.	ohne Verfasser

OCHA	Amt für die Koordinierung humanitärer Angelegenheiten (Office for the Coordination of Humanitarian Affairs)
OECD	Organisation für wirtschaftliche Zusammenarbeit und Entwicklung (Organization for Economic Co-Operation and Development)
S.	Seite
SDGs	Nachhaltige Entwicklungsziele (Sustainable Development Goals)
u.a.	unter anderem
UN	Vereinte Nationen (United Nations)
UNDP	Entwicklungsprogramm der Vereinten Nationen (United Nations Development Programme)
UNHCR	Der Hohe Flüchtlingskommissar der Vereinten Nationen (United Nations High Commissioner for Refugees)
UNICEF	Kinderhilfswerk der Vereinten Nationen (United Nations International Children's Emergency Fund)
UNO	Organisation der Vereinten Nationen (United Nations Organization)
USAID	Behörde der Vereinigten Staaten für internationale Entwicklung (United States Agency for International Development)
Vgl.	Vergleiche
VR	Virtuelle Realität (Virtual Reality)
vs.	versus
WFP	Welternährungsprogramm der Vereinten Nationen (United Nations World Food Programme)
z. B.	zum Beispiel

1 Einleitung

„Transformation through Innovation"[1]

Schlüsselthema des World Humanitarian Summit 2016

1.1 Motivation & Forschungslücke

Die internationalen humanitären Hilfsorganisationen stehen weltweit vor großen Herausforderungen. Die Welt ist derzeit mit der größten humanitären Krise seit dem Zweiten Weltkrieg konfrontiert (Heinzel, 2015). Der humanitären Hilfe kommt aufgrund von lang andauernden Krisen, komplexen Konflikten sowie der wachsenden Intensität von Naturkatastrophen und ihren verheerenden Folgen eine immer größere Bedeutung zu. Laut den Vereinten Nationen sind aktuell über 125 Millionen Menschen weltweit auf humantäre Hilfe angewiesen (Vertretung der Europäischen Kommission in Deutschl, 2016). Um auf den gestiegenen Bedarf zu reagieren und das globale humanitäre System zu verbessern, fordern viele Experten und Politiker radikale Veränderung. Dabei geht es sowohl um finanzielle Mittel, um schneller auf Notsituationen wie zum Beispiel auf Erdbeben oder Ebola-Krisen reagieren zu können, als auch um eine verbesserte Entwicklungszusammenarbeit, die „Krisenprävention, Stabilisierung und Friedenskonsolidierung" beinhaltet (Auswärtiges Amt , 2016).

Weiter hat „noch immer jeder neunte Mensch [das sind 795 Millionen Menschen weltweit] nicht genug zu essen, um ein gesundes und aktives Leben zu führen" (World Food Programme , 2016), mehr

---

[1] Deutsch „Veränderung durch Innovation"

als 700 Millionen Menschen leben in extremer Armut (UNRIC, 2016) und mehr als 5 Millionen Kinder sterben auf Grund von Krankheiten vor ihrem fünften Lebensjahr (UNICEF, 2015).

Aufgrund dessen sind in den vergangenen Jahren vermehrt Diskussionen über humanitäre Innovationen entstanden, um auf die gewaltigen Herausforderungen zu reagieren und die globalen (ambitionierten) Nachhaltigkeitsziele bis 2030 zu erreichen. Dafür benötigt die humanitäre Hilfe neben finanziellem Spielraum vor allem innovative Ideen und neue Technologien. Das Ziel ist es, humanitäre Arbeit mit technologischen Innovationen und neuen Ansätzen aus dem 21. Jahrhundert zu verknüpfen.

Um die Herangehensweisen und Geschwindigkeit humanitärer Hilfe zu verändern, kommen Lösungen unter anderem aus der Informations- und Kommunikationstechnologie, die Echtzeitinformationen und die Vernetzung mit den Bedürftigen ermöglichen. Des Weiteren werden neue Technologien genutzt, wie beispielsweise das 3D-Druck-Verfahren, das dabei hilft, Gebrauchsgegenstände und Ersatzteile schnell und kostengünstig vor Ort herzustellen oder die Drohnentechnik, die zur Datenerhebung oder zur Auslieferung von Medikamenten in Katastrophenfällen genutzt wird. Weiter beschäftigen sich die Organisationen mit „open innovation"[2] Modellen, um den Innovationsprozess zu vergrößern und das Innovationspotential zu steigern. Die neue Parole lautet „mutig neue Wege gehen", um dabei

---

[2] Open Innovation, also offene Innovation, bedeutet, die Öffnung von Innovationsprozessen für die Außenwelt - im Normalfall für den Kunden. Das führt zu Wissensaustausch und Vernetzung von Know-how.

verbesserte Lösungsansätze, innovative Ideen und praktische Arbeitsmethoden zu identifizieren und entwickeln.

Eine Reihe humanitärer internationaler Organisationen (insbesondere UN-Organisationen) und Nichtregierungsorganisationen haben sich bereits „humanitarian innovation", also innovative humanitäre Lösungen, auf die Fahnen geschrieben und ein innovationsfreundliches Klima geschaffen. Dabei gründeten viele Organisationen Innovationszentren oder Kreativfabriken, um neue und kreative Ideen mit Hilfe von modernster Technik und Experten zu entwickeln, zu verfeinern und zu testen. Die Innovationseinrichtungen setzen dabei verstärkt auf Partnerschaften mit der Privatwirtschaft, der Zivilgesellschaft, Regierungen und akademischen Institutionen, um sowohl den Wissenstausch zu fördern, als auch Synergien zu bündeln.

Aufgrund der zum Teil großen Anstrengungen der humanitären Akteure sind bereits verschiedene Innovationsprojekte mit bedeutenden Auswirkungen entstanden. Das Ziel der vorliegenden Arbeit ist, zum einen die Untersuchung dieser neuen Ansätze und Strategien in der Theorie, als auch die Identifikation von Arbeitsweisen und (erfolgreichen) Innovationen aus der humanitären Praxis.

Vor dem Hintergrund der Neuheit des Themas – „humanitarian innovation" spielt erst seit wenigen Jahren eine Rolle in der humanitären Welt – stellt sich für Organisationen in diesem Sektor die große Schwierigkeit, wie damit umzugehen ist. Ein einheitlicher Ansatz oder eine gemeinsame Innovationsstrategie gibt es bisher weder in der Theorie, noch in der Praxis.

Indem die Untersuchung den gegenwärtigen Stand der Innovations-anstrengungen im humanitären Bereich aufzeigt (Status quo) und mit Hilfe von Experteninterviews (empirische Untersuchung) best-practice Ansätze identifiziert, um daraus allgemeine Handlungsempfehlungen (Erfolgsfaktoren) für Innovationsprojekte abzuleiten, betritt sie Neuland auf dem Gebiet der humanitären Innovationen. Die herausgearbeiteten Erfolgsfaktoren dürfen dabei nicht als das „Ei des Kolumbus" betrachtet werden, sondern vielmehr als fruchtbaren Boden, auf den weitere Ideen, Strategien und Ansätze gesät werden können.

1.2 Forschungsfrage & Forschungsziele

Die Arbeit beschäftigt sich mit Innovationen im humanitären Bereich und zeigt innovative Lösungsansätze und Projekte humanitärer Organisationen auf, die zur Erreichung der nachhaltigen Entwicklungsziele der Vereinen Nationen beitragen sollen. So besteht heute in Forschung und Praxis weitgehende Einigkeit, dass für die Arbeit humanitärer Organisationen neuartige und kreative Wege, Prozesse und Methoden erforderlich sind, um die großen, globalen Herausforderungen – allen voran die Bekämpfung von Armut und Hunger – zu bewältigen. Die zentrale Forschungsfrage lautet demnach:

„Welche Rolle spielen Innovationen im humanitären Bereich, welche Ansätze gibt es und kann man daraus Handlungsempfehlungen für andere Organisationen ableiten?"

Außerdem soll anhand einer Innovationslandkarte (Kapitel 4 Status quo) dargestellt werden, wie verschiedene Projekte und Technologien in der Praxis aussehen.

Im Zuge dessen verfolgt die Arbeit die nachfolgend aufgeführten Forschungsziele:

1) Analyse der globalen Herausforderungen und der Entwicklungsziele um die Probleme aufzuzeigen und das Forschungsfeld einzugrenzen.

2) Definition und Eingrenzung der Begrifflichkeit „Innovation", einschließlich der Prozesse und Methoden.

3) Identifizieren der Forschungslücke.

4) Skizzieren der Methode, anhand derer die Forschungslücke behandelt wird.

5) Analyse und Vergleich von Innovationsansätzen in ausgewählten humanitären Organisationen mithilfe einer systematischen Literaturrecherche.

6) Durchführen von maximal 5 teilstrukturierten Interviews, um deren humanitären Arbeit und Ansätze sowie Projekte und Innovationen besser zu verstehen, die als Basis für die Handlungsempfehlungen dienen.

7) Ergebnisse darstellen und Handlungsempfehlungen auf Grundlage der Ergebnisse aus den Kapiteln 2, 4 und 5 entwickeln.

8) Kritische Diskussion „Spiel mit dem Feuer" und Empfehlungen für die weitere Forschung geben.

9) Abschließen der Arbeit mit Fazit und Ausblick.

1.3 Eingrenzung des Themas

Die vorliegende Forschungsarbeit zeigt die Innovationspraktiken der humanitären Organisationen, beleuchtet die neuen Lösungsansätze und Arbeitsmethoden und identifiziert erfolgreiche Innovationsprojekte. Dabei werden die Begrifflichkeiten (humanitäre) Entwicklungshilfe, Entwicklungszusammen-arbeit und Entwicklungsarbeit synonym verwendet.

Aufgrund der Einschränkung durch die Neuheit des Themas sowohl in der Theorie als auch in der Praxis, beschränkt sich die Untersuchung (größtenteils) auf die international agierenden Organisationen der Vereinten Nationen. Dabei sind vor allem das World Food Programme, UNICEF und UNHCR als Vorreiter für „humanitarian innovation" zu nennen. Dabei werden die humanitären Innovationsanstrengungen inklusive ihrer Innovationseinrichtungen, Experten und Erfolgsprojekte genauer unter die Lupe genommen.

Auch wenn eine kleine Anzahl an Nichtregierungsorganisationen wie zum Beispiel das International Committee of the Red Cross oder ALNAP, verschiedene „soziale Unternehmen", wie Samasource, Dimagi und Technology for Tomorrow oder auch vereinzelt Stiftungen das Potenzial von humanitären Innovationen (langsam) erkannt haben, finden diese keine Berücksichtigung in der Forschungsarbeit.

1.4 Forschungsstand

Um zu verstehen, wie die humanitären Innovationseinheiten mit Innovationen in der Praxis arbeiten, wird zunächst die bestehende Literatur zum Thema „humanitarian innovation" geprüft.

Die Integration von Innovationsansätzen und –praktiken in internationale humanitäre Organisationen sind ein neues und recht unbekanntes Phänomen. Aus diesem Grund gibt es noch relativ wenig Forschung zu dem Thema. Themenschwerpunkte bei der Literatursuche sind Studien und Berichte zur Transformation der humanitären Arbeit mit dem Schwerpunkt „humanitarian innovation", „development innovationen", „social innovation" und „global trends".

Dabei sind die Studien und Berichte von Alexander Betts und Louise Bloom vom Refugee Study Centre an der University of Oxford (Betts, et al., 2012) (Bloom, et al., 2013) (Bloom, et al., 2015) sowie „Innovations in international humanitarian action" von besonderer Bedeutung (Ramalingam, et al., 2015). Weiter sind die Publikationen der humanitären Organisationen wie beispielsweise „Humanitarian Innovation: The State of the Art" (Betts, et al., 2014) und „Humanitarianism in the network age" von OCHA (OCHA, 2013) sowie „Global Trends - Forced Displacement in 2015" von UNHCR (UNHCR, 2016) und „More than just luck: Innovation in humanitarian action" von ALNAP und HIF (Obrecht, et al., 2016) besonders hervorzuheben.

Der Schwerpunkt der genannten Studien liegt auf humanitären Innovationen, Innovationspraktiken und Trends in humanitären Organisationen. Die Literatur ist sich dabei weitestgehend einig, dass es aufgrund von globalen Herausforderungen zu Veränderungen im humanitären Bereich kommen muss. Allerdings ist der Weg dorthin, noch nahezu unerforscht und es gibt aufgrund dessen keine eindeutigen Forschungsergebnisse.

Weiter werden zunächst der schillernde Begriff „Innovation" und im Anschluss Innovationsprozesse und Innovationstechniken näher betrachtet. Um mit klaren und präzisen Konzepten arbeiten zu können, wird eine Literaturreche zu Begrifflichkeiten, Definitionen und Modellen durchgeführt (Kapitel 2.2). Dabei spielen sowohl die Arbeiten von Joseph A. Schumpeter und Peter Drucker eine bedeutende Rolle, als auch das Hasso-Plattner-Institut und David Kelly bzw. die internationale Design- und Innovationsberatung IDEO, wenn es um agile Innovationsmethoden geht.

Die Literaturrecherche wird dazu beitragen, einen Rahmen für das Verständnis von Entwicklungspolitik und globalen Herausforderungen zu schaffen, um so (humanitäre) Innovationspraktiken und – methoden sowohl in der Theorie, als auch in der Praxis besser zu verstehen.

1.5 Aufbau und Inhalt der Arbeit

Der Aufbau der Forschungsarbeit erfolgt auf Grundlage der „research onion" von Saunders, Lewis und Thornhill (Saunders, et al., 2015), wobei jede Schicht ein bearbeitendes Kapitel darstellt, was zu einer zunehmenden Verfeinerung der Forschungsarbeit führt.

Dabei ist die Forschungsarbeit in acht Kapitel unterteilt. Das erste Kapitel besteht aus der Einleitung und einem Überblick über die Problemstellung, Zielsetzung sowie der Vorgehensweise.

Um die Notwendigkeit und das Potenzial von Innovationen im humanitären Bereich erklären zu können, ist es in Kapitel 2 zunächst notwendig, die aktuellen globalen Herausforderungen darzustellen und die Entwicklungspolitik der vergangenen Jahre zu betrachten.

Hierbei werden die vergangenen und aktuellen globalen Ziele für nachhaltige Entwicklung dargestellt und der Dreh- und Angelpunkt der Arbeit erstmals aufgezeigt. Um die beiden Kernthemen „humanitäre Arbeit" und „Innovation" zu verbinden, wird nachfolgend der Begriff Innovation definiert, der Innovationsprozess betrachtet und Innovationstechniken aus der Praxis vorgestellt.

Das dritte Kapitel beschreibt das methodische Vorgehen der Arbeit. Dabei erfolgt zunächst eine umfassende Literaturanalyse mit Fokus auf aktuelle Veröffentlichungen. Aufgrund der Recherche werden herausragende Organisationen und Praktiken ausgewählt und in Kapitel 4 näher betrachtet. Um die Literaturanalyse zu erweitern und zu vertiefen, werden tiefergehende Fragen in Experteninterviews geklärt.

Kapitel vier stellt sich der Fragen, wie humanitäre Organisationen mit neuen Ideen und Lösungsansätzen konkret umgehen. Ziel ist es, einen Überblick über aktuelle Innovationsaktivitäten im humanitären Bereich zu erhalten sowie Arbeitsweisen und Projekte und genauer zu analysieren. Dabei wird die Bedeutung von Innovationen thematisiert, Rahmenbedingungen aufgezeigt und jeweilige Erfolgsfaktoren vorgestellt.

Das fünfte Kapitel stellt die gewonnenen Erkenntnisse aus den Experteninterviews dar und verdeutlicht die Arbeitsansätze anhand von Beispielen humanitärer Projekte aus den jeweiligen Innovationseinrichtungen. Ziel ist die Darstellung von Methoden, Praktiken und Arbeitsweisen der erfolgreichen humanitären Innovationszentren.

Im sechsten Kapitel werden die Ergebnisse verglichen und ausgewertet, woraufhin Handlungsempfehlungen und Optimierungsempfehlungen abgeleitet werden. Ziel ist die Erstellung eines anwendungsbezogenen Katalogs mit Erfolgsdeterminanten und „best practice" Ansätzen, um humanitäre Krisen effizienter und schneller bekämpfen zu können.

Im siebten Kapitel soll zunächst geprüft werden, ob es sich bei den gefundenen Erkenntnissen um neuartige Ansätze handelt oder bereits publizierte Ergebnisse. Weiter werden die sozialen Auswirkungen von Innovationen im humanitären Bereich, in „Spiel mit dem Feuer" kritisch diskutiert und Chancen und Risiken betrachtet. Es folgen die Limitationen der Forschungsarbeit und Empfehlungen für eine weiterführende Entwicklung der Arbeit.

Das achte Kapitel bietet eine Zusammenfassung aller relevanten Ergebnisse und schließt die Arbeit mit einem Ausblick ab.

2 Theoretischer Bezugsrahmen

Dieser Abschnitt bildet die theoretische Grundlage für die folgenden Kapitel und soll einen allgemeinen Überblick über das Thema und den Umfang der durchgeführten Forschung aufzeigen. Zu Beginn werden die globalen Herausforderungen und der Wandel der Entwicklungspolitik betrachtet, mit besonderem Augenmerk auf der Agenda 2030, die als Grundlage für eine nachhaltige Entwicklung dienen soll. Zweitens wird der Begriff „Innovation" eingeführt, indem die vielseitige Verwendung in der Fachliteratur skizziert wird. Des Weiteren werden aktuelle Innovationsmethoden vorgestellt – die in Erwartung einer Zukunft, in der der Wandel nicht die Ausnahme, sondern die Regel sein wird – immer höheren Stellenwert in Unternehmen finden.

2.1 Globale Herausforderungen

„Die Welt ist aus den Fugen geraten."

Außenminister Frank-Walter Steinmeier

(Schrapers und Hihat 2016)

Die Anzahl, Intensität und Komplexität von lang andauernden Krisen, ethnischen oder religiösen Kriegen und Konflikten in vielen Teilen der Welt haben weltweit zugenommen (Healy 2008) einschließlich ihrer dramatischen Folgen. Außerdem kommt es, teils ausgelöst durch Klimaveränderungen, immer häufiger zu Naturkatastrophen wie Dürren, vermehrte Waldbrände, Wirbelstürme, starke Niederschläge und Überschwemmungen. Die Welt steht vor gewaltigen Herausforderungen. Auch die Kluft zwischen Arm und Reich,

11

anhaltender Hunger und Mangelernährung, Bevölkerungswachstum und Urbanisierung, globale Epidemien, der mangelnde Zugang zu sozialer Sicherung und Grundversorgung einschließlich der Gesundheitsversorgung haben sich zu globalen Herausforderungen mit unmittelbaren humanitären Auswirkungen entwickelt (Auswärtiges Amt, Die deutsche humanitäre Hilfe im Ausland 2011). Nicht zuletzt die Rekordzahlen von Flüchtlingen, Vertriebenen und Migranten die vor Krieg, Terror und Armut aus ihren Heimatländern nach Europa flüchten (Öhlschläger und Sangmeister 2016) spielen vermehrt eine bedeutende Rolle in den Medien und somit im Bewusstsein der Menschen (Bruns 2015), auch hier in Deutschland.

Nach Angaben der UN Nothilfeorganisation OCHA (Office for the Coordination of Humanitarian Affairs) waren im Jahr 2013 150 Millionen Menschen von Naturkatastrophen, Kriegen oder Konflikten unmittelbar betroffen. Die Zahl der daraus resultierenden hilfsbedürftigen Menschen hat sich im vergangenen Jahrzehnt nahezu verdoppelt (OCHA, World Humanitarian Data and Trends 2015. 2015).

Internationale Hilfsorganisationen kämpfen bereits, diesen wachsenden und immer komplexer werdenden Anforderungen gerecht zu werden. In diesem Zusammenhang fordern viele Experten radikale Veränderungen, zum einen was die humanitären Akteure tun und vor allem wie sie es zukünftig tun (Ramalingam, Howard , et al. 2015).

Um die politischen Rahmenbedingungen besser zu verstehen, werden nachfolgend der Wandel der Entwicklungspolitik und die Entwicklungskonzepte der Gegenwart dargestellt.

2.1.1 Der Wandel der Entwicklungspolitik

In der Wissenschaft dominiert die Meinung, dass ein großer Teil der bisherigen westlichen Entwicklungspolitik eine Geschichte des Scheiterns ist (Nuscheler 2008, Moyo 2010, Ziai 2006, Neubert 1997). Die entwicklungsstrategische Diskussion im engeren Sinne begann Mitte der 1940er Jahre und erlebte mit der Entkolonialisierung ihren ersten Höhepunkt. Die Pionierphase der 1950er Jahre und die vorherrschende Keynesianischen Denkweise[3] führte zur Entwicklung des Credos: „Wirtschaftswachstum zuerst, Umverteilung später bzw. erst Industrialisierung und dann Demokratisierung" (Menzel, 40 Jahre Entwicklungstrategien = 40 Jahre Wachstumsstrategien 1992). Politischer, sozialer und mentaler Wandel sollten der Förderung des Wirtschaftswachstums dienen. Der Zusammenhang zwischen Wachstum und intakter staatlicher Institutionen wurde durchaus erkannt, deren Förderung aber nicht sonderlich vorangetrieben. „Ein Versäumnis, das sich fünfzig Jahre später bitter rächen sollte" (Menzel, Paulo Freire Zentrum 2007).

Das erklärte Ziel der ersten Entwicklungsdekade der 1960er Jahre war die Entwicklung moderner Industriegesellschaften nach westlichem Muster und die Einbindung in den Weltmarkt. Als dessen Scheitern deutlich wurde, wurde in den siebziger Jahren die zweite Dekade

---

[3] Der Keynesianismus beruht auf der Lehre des britischen Volkswirtschaftlers John Maynard Keynes (1883–1946). In seinem 1936 erschienen Hauptwerk „Allgemeine Theorie der Beschäftigung, des Zinses und des Geldes" plädiert er für einen Eingriff des Staates in die Wirtschaft, um so zyklische Schwankungen von Angebot und Nachfrage auszugleichen (Woll o. J.).

ausgerufen, die Grundbedürfnis- und Selbsthilfestrategie. Der Wandel war der Erkenntnis geschuldet, dass der wirtschaftliche Aufschwung nicht bei den Ärmsten ankommt. „Es ging nun darum, die zum Überleben wichtigen Grundbedürfnisse sicherzustellen" (Scheuermann 2014) sowie menschliche Kapazitäten zu stärken (Stichwort „Hilfe zur Selbsthilfe") und Nachhaltigkeitsansätze zu entwickeln.

Die dritte Entwicklungsdekade der achtziger Jahre „das verlorene Jahrzehnt" stand unter dem Einfluss der Verschuldungskrise der Entwicklungsländer. Verloren deshalb, weil die innovativen Ansätze der 70er und 80er Jahre (Neue Weltwirtschaftsordnung, Grundbedürfnisorientierung) gescheitert sind und weil sich der Zustand in einer wachsenden Zahl der Entwicklungsländer dramatisch verschlechtert hat (Menzel, 40 Jahre Entwicklungstrategien = 40 Jahre Wachstumsstrategien 1992).

In dieser Zeit wurden „langfristige Entwicklungsstrategien zugunsten von kurzfristigen Stabilisierungs- und Restrukturierungsmaßnahmen vernachlässigt" (Obser und Schure 2011). In dieser Zeit mussten die Sonderorganisationen der Vereinten Nationen Weltbank und IWF (Internationaler Währungsfond) mit neuen Kreditpaketen einspringen, um das internationale Finanzsystem zu stabilisieren (Obser und Schure 2011). Die Kreditvergaben wurden jedoch eng an Forderungen an die jeweiligen Empfängerländer gebunden. Die Konditionen umfassten Reformen des Staatssektors durch Strukturanpassung, Deregulierung und Privatisierung sowie Wechselkurs- und Zinsanpassungen.

Unter starker Führung der UN wurde in den neunziger Jahren dann das Gießkannenprinzip durch gezielte Projektförderung ersetzt. Es war die Zeit, der nachhaltigen und menschlichen Entwicklung (Scheuermann 2014). Erstmals wurden Themen wie Gleichstellung der Geschlechter, Ressourcenverbrauch und „local ownership" diskutiert. Globale Strukturpolitik, nachhaltige und menschliche Entwicklung sowie „good governance", also eine gute Regierungsführung standen von nun an auf der Tagesordnung.

„Am Ende der vier sogenannten Entwicklungsdekaden musste konstatiert werden, dass das Problem der Massenarmut sich relativ und absolut nicht verringert, sondern noch verschärft hatte" (Lötzer 2008). Viele Entwicklungsländer versanken in Überschuldung, politischer Instabilität und das Ungleichgewicht zwischen Arm und Reich nahm zu. Ende der 90er Jahre wurde dann allgemein akzeptiert, dass es keine Blaupause für Entwicklung gibt, sondern jedes Land seinen eigenen Weg finden muss (Dicke 2012).

Zur Jahrtausendwende entschlossen sich die damals 189 Mitgliedstaaten der UN die großen weltweiten Probleme gemeinsam anzugehen. Die Entwicklungskonzepte der Gegenwart werden in den nachfolgenden Punkten diskutiert.

2.1.2 Millennium Development Goals (2000 – 2015)

Extreme Armut und Hunger, Kinder- und Müttersterblichkeit, HIV/Aids und Malaria bekämpfen sowie Bildung, Geschlechtergerechtigkeit und Umweltschutz verbessern. Dazu haben sich im Jahr 2000 Staats- und Regierungschefs aus 189 Nationen verpflichtet. Die

Millenniumsentwicklungsziele der Vereinten Nationen (engl. Millennium Development Goals, kurz MDGs) beschreiben die Aufgabenstellungen für die internationale Politik im 21. Jahrhundert und lenken die Aufmerksamkeit der Welt auf die wichtigsten Herausforderungen (Bundesministerium für wirtschaftliche Zusammenarbeit und Entwicklung (Hrsg.) 2015). „Diese acht Entwicklungsziele [die bis 2015 erreicht werden sollten, d. Verf.] vereinten die Welt wie nie zuvor in dem Bestreben, die Lebensbedingungen aller Menschen zu verbessern" (Kroll 2015).

Dabei ist es gelungen die weltweite Armut zu halbieren, 90 Prozent der Kinder erhalten nun eine Grundschulbildung, Mädchen haben beim Schulbesuch aufgeholt und es gab bemerkenswerte Fortschritte im Kampf gegen Malaria und Tuberkulose (Bundesministerium für wirtschaftliche Zusammenarbeit und Entwicklung (Hrsg.) 2015, Vereinte Nationen (Hrsg.) 2015, Trumpf 2014, European Commission 2015).

Dennoch bleiben viele globale Herausforderungen bestehen oder haben sich gar verschärft. Die Bekämpfung des Hungers, Erhalt der biologischen Vielfalt und die Verbesserung der Mutter-Kind-Gesundheit sind aktueller denn je.

Bei der Konferenz der Vereinten Nationen für nachhaltige Entwicklung Rio+20[4] im Jahr 2012 griffen die Regierungen die Kritik am begrenzten Fokus der MDGs auf und vereinbarten, internationale Ziele für nachhaltige Entwicklung (engl. Sustainable Development Goals, kurz SDGs) zu formulieren. Diese Ziele sollten alle Dimensionen nachhaltiger Entwicklung berücksichtigen und für Entwicklungs-, Schwellen- und Industrieländer gleichermaßen gelten. Diese Entscheidung war bemerkenswert, denn damit richtet sich die neue Agenda nicht mehr alleine an den Globalen Süden, wie es die MDGs de facto taten, sondern an alle Länder der Welt. Das bedeutet, alle Länder – einschließlich der reichen Nationen dieser Welt – sollen gemäß ihren Kapazitäten einen Beitrag zum Erreichen der Ziele leisten.

„Dies kam einem Paradigmenwechsel gleich, der angesichts der notwendigen „großen Transformation" hin zu einem zukunftsgerechten Wirtschafts- und Gesellschaftssystem faktisch alle Länder der Welt zu „Entwicklungsländern" machte" (Martens und Obenland, Die 2030-Agenda - Globale Zukunftsziele für nachhaltige Entwicklung 2016).

---

[4] 2012 jährte sich der sogenannte „Weltgipfel" von Rio de Janeiro zum 20. Mal. Die Weltgemeinschaft vereinbarte 1992 unter anderem das entwicklungs- und umweltpolitische Aktionsprogramm Agenda 21, das als Meilenstein auf dem Weg zu mehr Nachhaltigkeit gilt. Die dritte Nachfolgekonferenz „Rio+20" (neben „Rio+5" 1997 in New York und "Rio+10" 2002 in Johannesburg), fand vom 20.06. - 22.06.2012 erneut in der brasilianischen Metropole Rio de Janeiro statt. Die Staats- und Regierungschefs der Welt wollten der nachhaltigen Entwicklung dort neuen Schwung verleihen (Lexikon der Nachhaltigkeit 2015).

In dem Abschlussdokument mit dem Titel „The Future We Want"
(deutsch „Die Zukunft, die wir wollen") einigten sich die Mitglieds-
staaten der UN darauf, universell gültige Ziele nachhaltiger Entwicklung auszuarbeiten, die nach dem Auslaufen der Agenda verfolgt
werden sollen.

In den folgenden drei Jahren vollzog sich ein aufwändiger, internationaler Diskussions- und Verhandlungsprozess, an dessen Ende
die New Yorker Gipfelkonferenz im September 2015 stand, bei der
sich die Mitgliedstaaten auf eine neue Agenda einigten.

2.1.3 Sustainable Development Goals (2015 – 2030)

„This is the people's agenda, a plan of action for ending poverty

in all its dimensions, irreversibly, everywhere, and leaving no one

behind."[5]

UN-Generalsekretär Ban Ki-moon

(Anderson 2015)

Am 25. September 2015 kamen die führenden Politiker aller UN Mit-
gliedsstaaten zu einem historischen UN-Gipfel zusammen und haben
einen wichtigen und angesichts der heterogenen Zielsetzung der beteiligten Länder kaum für möglich gehaltenen Meilenstein beschlossen. Die Agenda 2030 für nachhaltige Entwicklung wurde verabschie-
det, um eine globale Transformation hin zu mehr Nachhaltigkeit ein-
zuleiten (United Nations 2015).

---

[5] Deutsch „Das ist die Agenda der Menschen, ein Aktionsplan, um Armut in allen ihren
Dimensionen zu beenden, unwiderruflich, überall und es darf niemand zurückgelassen
werden".

Sowohl für Generalsekretär Ban Ki-moon als auch für Papst Franziskus haben die SDGs die Form eines Weltzukunftsvertrags, mit der Zielsetzung, allen Menschen weltweit ein Leben in Würde zu ermöglichen. Sie sollen Frieden fördern und dazu beitragen, dass alle Menschen in Freiheit und einer intakten Umwelt leben können (Bundesministerium für wirtschaftliche Zusammenarbeit und Entwicklung (Hrsg.) 2016).

Die Millenniumsentwicklungsziele wurden oft dafür kritisiert, dass sie die ökologische Dimension von Nachhaltigkeit nicht stark genug berücksichtigen („ökologische Blindheit", (Martens and Obenland, Die 2030-Agenda - Globale Zukunftsziele für nachhaltige Entwicklung 2016)). Daher integrieren die SDGs neben sozialer und wirtschaftlicher Entwicklung auch ökologische Ziele und deren Verknüpfung, um so auch kommenden Generationen die Chance auf ein erfülltes Leben zu sichern.

Die Agenda bildet den globalen Rahmen für die Umwelt- und Entwicklungspolitik und wird die internationale Zusammenarbeit in zentralen Politikbereichen in den nächsten Jahrzehnten maßgeblich prägen (Martens and Obenland, Die 2030-Agenda - Globale Zukunftsziele für nachhaltige Entwicklung 2016, Bundesministerium für Umwelt, Naturschutz, Bau und Reaktorsicherheit (Hrsg.) 2016, PricewaterhouseCoopers 2015, Denker and Bräu 2015, 10-14).

Das Kernstück der Agenda 2030 bilden die 17 Ziele für nachhaltige Entwicklung (SDGs) und deren 169 Unterziele (siehe Abbildung 1). Die Ziele und Zielvorgaben wie zum Beispiel Armut und Hunger zu beenden oder Gesundheit, Bildung und gute Arbeit für alle zu schaffen, werden in den nächsten Jahren den Anstoß zu Maßnahmen in den Bereichen geben, die für die Menschheit und ihren Planeten von entscheidender Bedeutung sind.

Abbildung 1: Sustainable Development Goals
Quelle: *(United Nations 2015)*

Für ein besseres Verständnis werden die 17 Oberziele der Sustainable Development Goals nachfolgend einzeln aufgeführt und erläutert. Eigene Übersetzung nach United Nations (United Nations 2015).[6]

1. Weltweite Beendigung der Armut in allen ihren Formen.

2. Beendigung von Hunger, Erreichung von Ernährungssicherheit und verbesserter Ernährung und Förderung nachhaltiger Landwirtschaft.

3. Sicherstellung von gesundem Leben und Förderung des Wohlergehens aller Menschen jeder Altersgruppe.

---

[6] siehe dazu ausführlich: www.sustainabledevelopment.un.org

4. Sicherstellung einer zugänglichen und gerechten Bildung von hoher Qualität und Förderung der Möglichkeit des lebenslangen Lernens für alle.

5. Erreichen der Gleichstellung der Geschlechter und Stärkung aller Frauen und Mädchen.

6. Sicherstellen der Verfügbarkeit und der nachhaltigen Bewirtschaftung von Wasser und sanitärer Einrichtungen für alle.

7. Sicherstellung des Zugangs zu erschwinglicher, zuverlässiger, nachhaltiger und moderner Energie für alle.

8. Förderung von dauerhaftem, inklusivem und nachhaltigem Wirtschaftswachstum, produktiver Vollbeschäftigung und menschenwürdiger Arbeit für alle.

9. Aufbau einer stabilen Infrastruktur, Unterstützung von inklusiver und nachhaltiger Industrialisierung und Förderung von Innovation.

10. Verringerung der Ungleichheiten in und zwischen Ländern.

11. Sichere, belastbare und nachhaltige Städte und Siedlungen.

12. Sicherstellen nachhaltiger Konsum- und Produktionsweisen.

13. Ergreifen umgehender Maßnahmen zur Bekämpfung des Klimawandels und seiner Auswirkungen.

14. Erhaltung und nachhaltige Nutzung der Ozeane, Meere und Meeresressourcen für eine zukunftsfähige Entwicklung.

15. Schutz, Wiederherstellung und Förderung der nachhaltigen Nutzung der Landökosysteme, nachhaltige Bewirtschaftung

der Wälder, Bekämpfung der Wüstenbildung, Stopp und Umkehrung der Bodenverschlechterung und Stopp des Verlustes der Artenvielfalt.

16. Förderung friedlicher Gesellschaften für eine nachhaltige Entwicklung, Ermöglichen des Zugangs zu Rechtsmitteln für alle und Aufbau von effektiven, rechenschaftspflichtigen und freizugänglichen Institutionen auf allen Ebenen

17. Stärkung der Umsetzungsmittel und Wiederbelebung der globalen Partnerschaft für nachhaltige Entwicklung.

Die Agenda 2030 spiegelt die komplexen globalen Herausforderungen wieder und bietet die Möglichkeit, global, gemeinsam und verbindlich die festgeschriebenen Ziele zu erreichen. „Leave no one behind"[7] hat für alle Menschen auf dieser Welt Gültigkeit und fordert von Politik und Gesellschaft, Wirtschaft und Wissenschaft sowie jedem einzelnen Bürger entsprechenden Einsatz. Ein Umdenken und Bewusstwerden ist hierfür in vielen Bereichen notwendig (Bauer and Richerzhagen 2013).

Aufgrund dessen wird der Ruf nach neuen Lösungsansätzen, innovativen Ideen und praktischen Schritten zur Verwirklichung einer nachhaltigen und gerechten Welt laut.

---

[7] Deutsch „niemanden zurücklassen oder übergehen"

Sowohl wirtschaftliche als auch soziale Nachhaltigkeit sollte dabei die generelle Idee und das politische Leitmotiv von globaler Entwicklung sein. Humanitäre Innovationen als Leitmotiv in eine neue Ära humanitärer Hilfe.[8]

2.2 Modewort „Innovation"

„If you want something new, you have to stop doing something

old."[9]

(Peter F. Drucker)

Deutschland, Europa und die Welt befinden sich in einer Phase rasanter Veränderungen (BDI - Bundesverband der Deutschen Industrie 2013). Schnelle technologische und kulturelle Veränderungen, eine Zunahme der Produktkomplexität, die Verkürzung der Produktlebenszyklen, und ein zunehmend globaler Wettbewerb führen zu neuen globalen Herausforderungen. Dabei sind Unternehmen und Organisationen einem steigenden Druck zur Innovation ausgesetzt (Johnson 2010). Doch was beinhaltet der Begriff konkret? Nachfolgend soll geklärt werden, was Innovation eigentlich bedeutet, wo die Begrifflichkeit ihren Ursprung hat und welche Dimensionen von Innovationen es gibt. Des Weiteren wird der Innovationsprozess beschrieben und einen Einblick in die Innovationsentstehung in der Praxis geworfen.

---

[8] An dieser Stelle soll auf die aktuelle Studie „Agenda 2030: A Window of Opportunity" von UN Global Compact und die Unternehmensberatung Accenture hingewiesen werden. Laut der Studie haben etwa 50 Prozent der CEOs die Wichtigkeit der Nachhaltigkeitsziele der UN erkannt und sehen die Ziele als Kernelement bei der Suche nach Wettbewerbsvorteilen für eine erfolgreiche Zukunft (UN Global Compact & Accenture 2016).

[9] Deutsch „Wenn du etwas Neues willst, musst du aufhören, etwas Altes zu tun."

2.2.1 Definition & Innovationsdimensionen

„Innovation" ist ein schillernder und mittlerweile modischer Begriff (Hauschildt and Salomo, Innovationsmanagement 2011) und wird in der betriebswirtschaftlichen Literatur sehr vielseitig verwendet. So existieren in der Praxis eine Vielzahl an Definitionen (Baregheh, Rowley and Sambrook 2009, Lafley and Charan 2008, Drucker 2006, Gerpott 1999, Tidd and Bessant 2009).

An dieser Stelle soll eine allgemein gültige Definition des Innovationsbegriffes vorgestellt werden, nach welcher unter einer Innovation „...eine markttragfähige Neuerung oder Veränderung zu verstehen [ist], die subjektiven Neuheitscharakter für den Abnehmer aufweist" (Picot, Laub and Schneider 1989, 46).

Edward B. Roberts, Professor am Massachusetts Institute of Technology (MIT) und Gründer des MIT Entrepreneurship Center, der in Anlehnung an Schumpeter zwischen Erfindung (engl. invention) und Innovation (engl. innovation) unterscheidet, verweist in seiner Formel auf Folgendes (Roberts 1988):

„Innovation besteht aus zwei Teilen: (1) der Erzeugung einer Idee oder Erfindung und (2) der Umwandlung dieser Erfindung in eine geschäftliche oder andere nützliche Anwendung [...]."

Innovation = Invention + Exploitation

Während eine Erfindung das erste Aufkommen von etwas Neuem ist – also der kreative erste Schritt – bedeutet Innovation die Umsetzung der Erfindung in die Praxis.

Der Ursprung des Begriffes Innovation leitet sich aus dem lateinischen Wort „innovatio" ab und bezeichnet im Wesentlichen eine

(Er-) Neuerung oder etwas Neues (Vahs and Burmester 2002, 45, von Au, Strategisches Innovationsmanagement: Eine empirische Analyse betrieblicher Innovationssysteme in der spezialchemischen Industrie in Deutschland 2011). Bei Innovationen handelt es sich also um etwas Neuartiges (Van de Ven 1986) – das Ergebnis sind qualitativ neuartige Produkte oder Verfahren. Somit ist eine Innovation wesentlich mehr als eine graduelle Verbesserung da sie sich merklich vom Vergleichszustand unterscheidet.

Einen maßgeblichen Beitrag zur Begriffsfindung in den Wirtschaftswissenschaften hat der Ökonom Joseph A. Schumpeter geleistet. Schumpeter darf als „Vater" des Innovationsbegriffs gelten. In seiner Arbeit über die Theorie der wirtschaftlichen Entwicklung aus dem Jahre 1911 beschreibt er die Terminologie der Durchsetzung neuer Faktorkombinationen (Schumpeter, Theorie der wirtschaftlichen Entwicklung 1912), die nicht kontinuierlich erfolgt, sondern „diskontinuierlich" auftritt[10]. Neue Kombinationen sind Produkte, Materialien, Verfahren, Märkte oder Organisationsformen, die sich von einem vorangegangenen Zustand unterscheiden (J. Hauschildt 1997, 6). Nach Schumpeter ist Innovation nicht die Erfindung, sondern die Durchsetzung der Erfindung im Markt oder im Unternehmen der ökonomisch relevante Akt.

---

[10] Explizit spricht Schumpeter von einer neuen Produktionsfunktion. „Indem wir uns daran erinnern, dass Produktion im wirtschaftlichen Sinne nichts anderes als das Kombinieren von Produktionsleistung ist, können wird das gleiche auch dadurch ausdrücken, dass wir sagen, dass die Innovation Faktoren auf eine neue Art kombiniert" (Schumpeter, Konjunkturzyklen: eine theoretische, historische und statistische Analyse des kapitalistischen Prozesses. 1961).

„Mit der Idee der Durchsetzung neuer Kombinationen und dem disruptiven Charakter markiert Schumpeter Merkmale von Innovation, die bis heute im Mittelpunkt des Interesses stehen" (Fichter and Hintemann 2015).

Trotz der Vielfalt an unterschiedlichen Bestimmungsversuchen lassen sich vier gemeinsame Dimensionen charakterisieren (Vahs and Burmester 2002, 72 ff., J. Hauschildt, Innovationsmanagement 1997, 7 ff., Gerpott 1999, 39 ff.). Zu unterscheiden sind hierbei die Dimensionen Innovationsobjekt, Innovationsgrad und Perspektive zur Feststellung der Neuigkeitseigenschaft sowie die prozessorientierte Sicht (Hagenhoff 2008). In der folgenden Abbildung werden die Innovatonsdimensionen dargestellt.

Innovationsdimensionen			
Ergebnissicht			*Prozesssicht*
Differenzierung nach dem Innovationsobjekt: **„Was ist neu?"**	Differenzierung nach dem Innovationsgrad: **„Wie neu?"**	Differenzierung nach der Bezugseinheit: **„Neu für wen?"**	Differenzierung nach Aktivitäten: **„Wo beginnt und wo endet das Neue?"**
• Produktinnovation • Prozessinnovation • Organisatorische Innovation	• Radikale Innovation • Inkrementelle Innovation	• Neu für Unternehmen/ Branche • Weltneuheit	• Entstehungsprozess • Durchsetzungsprozess

Tabelle 1: Innovationsdimensionen
Quelle: Eigene Darstellung in Anlehnung an (Hagenhoff 2008, 13 ff.)

2.2.2 Innovationsprozess

„Innovate or Perish", was so viel bedeutet wie „Erfinde oder stirb" ist eine oft gehörte Parole, die den Stellenwert von Innovation wiederspiegelt. Doch in der Praxis ist ein effizienter Innovationsprozess häufig komplizierter und mühsamer als angenommen.

Einen guten Überblick über die zentralen Kernelemente des Innovationsprozesses verschafft der Innovationstrichter (engl. innovation funnel). Die Abfolge von Funktionen, beginnend mit der Ideengenerierung bis zum fertigen Produkt und der anschließenden Vermarktung der Innovation wird in der folgenden Abbildung dargestellt (Müller-Prothmann and Dörr 2009, Cooper and Edgett, Generating Breakthrough New Product Ideas: Feeding the Innovation Funnel 2009, O'Sullivan and Dooley 2015).

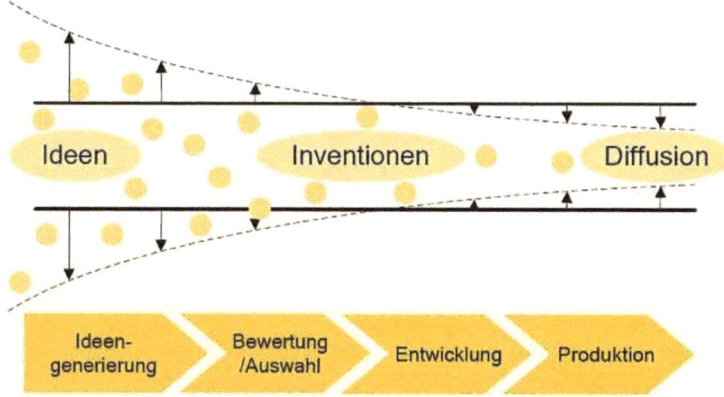

Abbildung 2: Innovationstrichter
Quelle: (Müller-Prothmann and Dörr 2009, 26)

Der Innovationstrichter ist eine vereinfachte schematische Darstellung des Innovationsprozesses, in den eine Vielzahl von Projektideen hineinfließen, aus denen ein kleiner Teil ausgewählt und in der Produktentwicklung umgesetzt wird und schließlich nur ein Bruchteil in markttauglichen Produkten enden.

Trotz der zahlreichen Variationen einzelner Phasen sind Phasenmodelle für die Auseinandersetzung mit dem Innovationsprozess bestens geeignet (Rüggeberg and Burmeister 2008, 7). Stand heute gibt es kein allgemein gültiges Innovationsmodell, jedoch sind parallelen zu erkennen. Dabei unterscheiden sich die Modelle danach, „welche Übergabe- und Kontrollpunkte es wann und wo gibt und wie die Informationen fließen" (o.V., 3M 2010). Nach Lühring lassen sich vier unterschiedliche Prozessmodelle unterscheiden (Lühring 2006): Funktional-arbeitsteilige Modelle, Stage-Gate-Modell, parallelisierte und integrierte Innovationsprozesse. Der bekannteste und international bevorzugte fünfstufige Stage-Gate-Prozess wird nachfolgend vorgestellt, die weiteren Prozessmodelle werden hier nicht gesondert betrachtet.

Das „Stage-Gate-Modell" von Cooper ist interdisziplinär und richtet sich somit in seiner Struktur nicht nach Unternehmensfunktionen, sondern nach Prozessschritten (Cooper and Kleinschmidt, New Products: The Key Factors in Success 1990, Cooper, Top oder Flop in der Produktentwicklung: Erfolgsstrategien: Von der Idee zum Launch 2002).

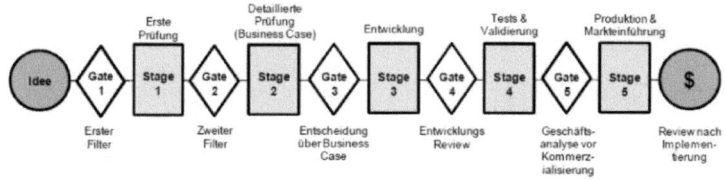

Abbildung 3: Stage-Gate-Prozess (erste Generation)

Quelle: (Cooper and Kleinschmidt, New Products: The Key Factors in Success 1990)

Cooper gliedert den Innovationsprozess in unterschiedliche Phasen (genannt „Stage"), an deren Ende („Gate") ein abteilungsübergreifendes Entscheidungsgremium über Fortführung, Abbruch oder Nachbesserung („go or kill-Kriterien") für die nächste Phase entscheidet. Das Ziel ist es zu überprüfen, inwieweit die Innovation den Markt-, Budget- und zeitlichen Anforderungen entspricht. Die Weiterentwicklung des Stage-Gate-Modells, arbeitet mit überlappenden Phasen, welche die Geschwindigkeit der Prozesse erhöhen soll (Rüggeberg and Burmeister 2008, 9).

In den letzten Jahren sind neue Konzepte der Prozessmodelle hinzugekommen. Spannende Ansätze sind hierbei das Spiro-Stage-Gate-Modell und Scrum aus der Software-Entwicklung sowie Lean Startup und Design Thinking.

Schnell zum Ziel gelangen, statt lange im Dunkeln tappen sowie Fehlentwicklungen frühzeitig erkennen, bevor sie eine Menge Geld verschlingen. Das sind die Ziele der neuen agilen Techniken. Die neueren und kundenorientierten Innovationsprozesse wie Lean Startup und Design Thinking erfreuen sich weltweit immer größerer Beliebtheit und sollen deshalb nachfolgend etwas genauer betrachtet werden.

2.2.3 Exkurs: Neue Innovationstechniken aus der Praxis

Zahlreiche internationale Unternehmen und Organisationen wie z. B. SAP, Apple, Google, BMW, Allianz, Otto Group, Deutsche Telekom oder Deutsche Bank arbeiten bereits mit den neuen Ansätzen (Soares 2016, Scherer 2014, Brown, Harvard Business Manager 2015, Hasso Plattner Institut 2015, Scherber and Lang 2015). Doch was steckt dahinter und wie funktionieren die agilen, disruptiven Innovationsmethoden?

2.2.3.1 *Lean Startup*

Die Lean Startup Theorie beschreibt eine Methode der Unternehmensgründung bzw. Produktentwicklung, bei dem alle Prozesse so schlank (engl. „lean") wie nur möglich gehalten werden.

Mit dem Buch „The Lean Startup: How Constant Innovation Creates Radically Successful Businesses" hat der Autor Eric Ries eine neue Bewegung ins Leben gerufen, deren Schwerpunkt auf der effizienten Umsetzung neuer Produkte bzw. Geschäftsmodelle liegt (Ries, The Lean Startup: How Constant Innovation Creates Radically Successful Businesses 2011). Nach dem Platzen der Dotcom-Blase[11] im Jahr 2000 scheiterten viele Start-ups spektakulär. Um die begangenen

---

[11] So wird das Platzen der Spekulationsblase im März 2000 an der Börse genannt. Der Börsencrash betraf besonders die vielen Start-up-Unternehmen aus der Telekommunikations-, Medien- und Technologiebranche und führte vor allem bei Kleinanlegern zu heftigen Vermögensverlusten.

Fehler zukünftig zu vermeiden, entwickelten der amerikanische Investor Steve Blank und sein ehemaliger Student Eric Ries einen neuen Ansatz, der in Anlehnung an die schlanke Produktion (engl. lean production) die Wahrscheinlichkeit des Scheiterns reduzieren soll (Barbarski 2014). Die Grundidee von Lean Startup ist es, zu identifizieren, welche Wünsche und Bedürfnisse die eigene Zielgruppe wirklich hat bzw. schnell und kostengünstig herauszufinden, ob ein Produkt am Markt funktioniert. Mit Hilfe agiler Entwicklungsmethoden sollen Hypothesen schnell getestet und mit frühzeitigen Marktexperimenten bestätigt oder zur nächsten, verbesserten Version des Modells führen. Die Experimente laufen in einem schematischen Kreislauf ab (siehe Abbildung 4).

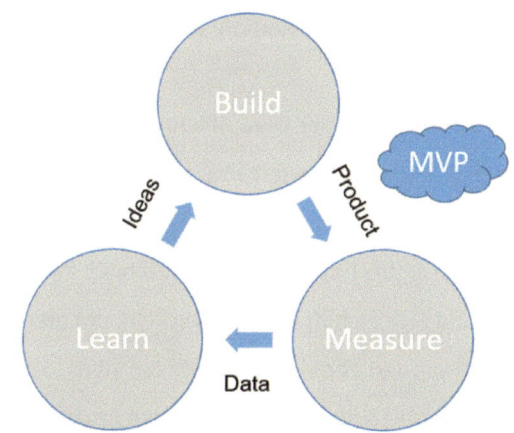

Abbildung 4: Build-Measure-Learn Regelkreis
Quelle: Eigene Darstellung in Anlehnung an Eric Ries (Ries, The Lean Startup: How Constant Innovation Creates Radically Successful Businesses 2011)

Bei dem „Build-Measure-Learn" Kreislauf handelt sich um einen kontinuierlichen Evaluationsprozess, der die Bedürfnisse der Zielgruppe aufdecken soll, um so schnelle Anpassungen vorzunehmen und neue Richtungen einzuschlagen (Diamandis and Kotler 2015).

Auf Basis von Hypothesen wird ein Minimum Viable Product (MVP), also eine erste Produktversion, ein Prototyp, eine Produktverpackung, eine Beta-Version oder eine einfache Landingpage entwickelt und möglichst schnell echten Nutzern zur Verfügung gestellt (Build). Der Produktzyklus soll so reduziert wie möglich sein, sodass mithilfe von Kunden- bzw. Expertenfeedbacks schnelle messbare Auswirkungen aufgezeigt werden können (Measure). Durch die Auswertung der Ergebnisse werden Rückschlüsse auf die Akzeptanz des Produkts gezogen (Learn). Der gesamte Prozess wird als validiertes Lernen bezeichnet und wird als Kreislauf ständig wiederholt. Anhand von Daten, anstelle von Vermutungen, lassen sich so Entscheidungen treffen, welche das Produkt stetig weiterverbessern (Ries, The Lean Startup: How Constant Innovation Creates Radically Successful Businesses 2011).

Die zentralen Aspekte der Lean Startup Theorie sind die Verkürzung der Produktentwicklungszeit sowie der frühestmögliche Markteintritt. Dafür nutzt es das Konzept des Minimum Viable Product (MVP). Ziel ist ein erstes Produkt möglichst schnell mit minimalen Anforderungen und Eigenschaften zu entwickeln, um dieses umgehend zu veröffentlichen und Feedback einzuholen (Ries, Startup Lessons Learned 2010). Das Feedback sorgt für stetige Anpassungen und Verbesserungen.

Ein erster Prototyp oder eine Teaser-Page (das heißt eine Anzeige, die Neugier wecken soll) sollen das grundlegende Interesse des Marktes bzw. der potenziellen Kunden an einem Produkt überprüfen.

Dadurch wird das Risiko einer Fehlinvestition deutlich minimiert und gleichzeitig erheblich Zeit, Arbeit und Geld eingespart.[12]

2.2.3.2 Design Thinking

Design Thinking ist eine systematische Herangehensweise um komplexe Problemstellungen zu lösen und innovative Ideen und Prototypen zu entwickeln (Poguntke 2015, Kelley and Littman, Das IDEO Innovationsbuch: Wie Unternehmen auf neue Ideen kommen 2002, Plattner, Meinel and Weinberg 2009, Erbeldinger and Ramge 2013, Kelley and Kelley 2014). Das Konzept fokussiert sich darauf, radikale neue Lösungsansätze zu entwickeln, die sich am Nutzer orientieren und dessen Bedürfnisse in den Mittelpunkt stellen (Brown, Harvard Business Review 2008). Das zugrundeliegende Vorgehen orientiert sich an den Prozessen von Designern, Architekten und Künstlern, welche explizit nutzerorientiert arbeiten.

Kreative Lösungsansätze entstehen hier in multidisziplinären Gruppen, die in einem iterativen und anwendungsorientierten Prozess Ideen entwickeln, testen und umsetzen. Auf diese Weise erzeugt Design Thinking eine stetige Rückkopplung zwischen dem Entwickler

---

[12] Ein gutes Beispiel für Lean Startup bzw. eines MVPs ist der Cloud-Service Dropbox. Die Gründer hatten damals keine Marketing-Erfahrung, das Risiko schien hoch und die Nachfrage unsicher. So starteten sie 2008 zunächst mit einem simplen kurzen Erklärvideo als MVP auf einer Teaser-Page. „Interessierte konnten dort ihre E-Mail-Adresse in einen Verteiler eintragen, um die Beta-Version des Produktes zu erhalten, wenn diese fertig gestellt sein würde". Die Dropbox Gründer kündigten ihre Beta-Version zunächst in einigen Tech-Foren und Fachblogs an. „Die Posts verteilten sich viral und die Gründer sammelten so innerhalb weniger Stunden 75.000 E-Mails ein". Heute zählt Dropbox mit aktuell 50 Millionen Usern zu den erfolgreichsten Cloud-Diensten weltweit (Girardi 2016, Barbarski 2014, Ries, TechCrunch 2011).

und der Zielgruppe aus denen praxisnahe Ergebnisse hervorgehen (Grots and Pratschke 2009).

Die neue kreative Arbeitsweise bezieht ihre Stärke und Effizienz daraus, dass es Innovation in die Schnittmenge der drei gleichbedeutenden Elemente der technischen, geschäftlichen und menschlichen Perspektive einordnet (siehe Abbildung 6).

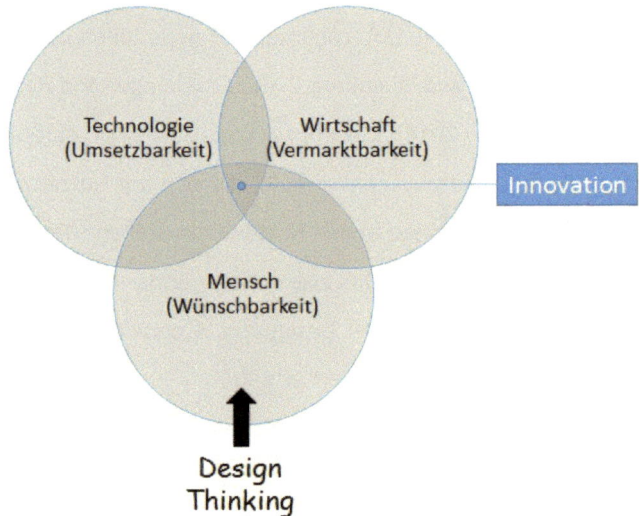

Abbildung 5: Schnittmenge für Innovationslösungen im Design Thinking
Quelle: Eigene Darstellung nach Hasso-Plattner-Institut Academy (Hasso-Plattner-Institut Academy 2016)

„Design Thinking nimmt die menschliche Perspektive zum Ausgangspunkt der Zielstellung, innovative Produkte, Services oder Erlebnisse zu gestalten, die nicht nur attraktiv, sondern auch realisierbar und marktfähig sind" (Hasso-Plattner-Institut Academy 2016). Das bedeutet, als Inspirationsquelle im Design-Thinking-Prozess dient grundsätzlich der Mensch mit seinen Werten und Bedürfnissen (engl. human-centered approach) (Gerstbach 2016).

Im Zentrum der Methodensammlung stehen klar umrissene Schritte, die idealtypisch aufeinander folgen (T. Kelley, The Ten Faces of Innovation: Strategies for Heightening Creativity 2008, Brown, Change by Design: How Design Thinking Transforms Organizations and Inspires Innovation 2009, Hüttebräuker 2013, Oestereich 2011, Tischler 2009, Grots and Pratschke 2009, Hasso-Plattner-Institut Academy 2016). Das Prozessmodell dient als Orientierung und Erklärung und führt Teams in einem iterativen Zyklus durch sechs Phasen (siehe Abbildung 6).

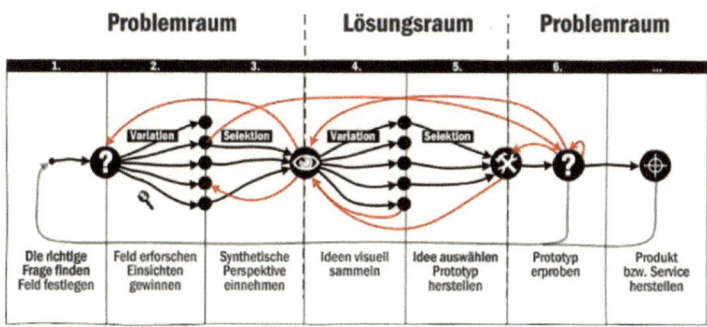

Abbildung 6: Design Thinking Prozessmodel
Quelle: (Oestereich 2011)

Der klassische Design-Thinking-Prozess besteht aus drei Hauptblöcken mit verschiedenen Arbeitsschritten, die in kurzen Zeitblöcken von Teams bearbeitet werden (max. 20 - 60 Minuten): Die Analyse der Herausforderung (Problemraum) und das Herausfinden einer innovativen Lösung (Lösungsraum), die anschließend an der Zielgruppe getestet werden soll (Problemraum).

Zu Beginn des Innovationsprozesses stehen das Verstehen der Aufgabenstellung und das Abstecken des Problemraums. Also das

Entwickeln eines gemeinsamen Verständnisses. Das Problem soll so zunächst identifiziert werden, um daraufhin eine geeignete Problemfrage zu finden und zu formulieren. Es folgt die Empathiephase, in der mit Hilfe von intensiver Recherche, Beobachtung und Dialog ein Gefühl für den Nutzer entwickelt wird. In der dritten Phase, geht es darum, die Beobachtungen und Sichtweisen im Team zu definieren und die gewonnenen Erkenntnisse zu verdichten (engl. point of view). Ziel ist es, Muster und Gemeinsamkeiten zu finden, um so Oberthemen und Schlagwörter zu bilden.

In der nächsten Phase werden mit Hilfe von verschiedenster Kreativitätstechniken (z. B. mit Brainstorming) möglichst viele kreative, heterogene, unterschiedlich und unkonventionelle Ideen entwickelt, welche der Entwicklung und Visualisierung unterschiedlicher Lösungsansätze dienen. Design Thinking setzt hier ganz wesentlichen Wert auf Visualisierung und bildliche Formgebung. Anschließend wird aus der großen Anzahl an Ideen eine kleine Zahl selektiert und zur Veranschaulichung erste Lösungsentwürfe hergestellt und an der Zielgruppe getestet. Zur Visualisierung werden dabei Prototypen mit einfachsten Mitteln und ohne großen Aufwand hergestellt. Diese können zum Beispiel mit 2-D Skizzen, als 3-D Modell mithilfe von Lego, Duplo oder Pappe, als Simulation oder Film dargestellt werden. Der Anwender soll so ein Gefühl davon bekommen, wie das Produkt später funktionieren und aussehen soll. Es erfolgen so lange Tests, Verfeinerungen, Verbesserungen und Feedbackschleifen bis ein optimales und nutzerorientiertes Produkt entstanden ist.

Am Ende des Prozesses steht eine klare und an der Zielgruppe validierte Idee, die in der wirklichen Produktentwicklung umgesetzt und schließlich am Markt implementiert werden kann.[13]

---

[13] Hier soll auf den Artikel „Design Thinking for Social Innovation" von Tim Brown & Jocelyn Wyatt hingewiesen werden. Der Artikel, erschienen im Stanford Social Innovation Review, beschäftigt sich mit den Begrifflichkeiten Design Thinking, Human-Centered Design Ansatz, Open Innovation und Social Business und zeigt deutlich die Praxistauglichkeit der neueren Innovationstechniken in einem sozialen Kontext auf (Brown and Wyatt, Design Thinking for Social Innovation 2010).

3 Forschungsmethodik

Bevor Kapitel 4 einen Überblick über aktuelle Innovationsaktivitäten im humanitären Bereich gibt und Kapitel 5 und 6 auf die Ergebnisse und die Interpretation der empirischen Untersuchung eingehen, soll das nachfolgende Kapitel einen umfassenden Überblick über das methodische Vorgehen geben. Hier werden zunächst die systematische Literaturanalyse, die Auswahl der Literaturquellen und die Beschreibung und Begründung der Methodenwahl beschrieben. Es folgen Angaben zur Datenerhebungsmethode, zur Erstellung des Interviewleitfadens sowie zur Auswahl der Interviewpartner. Darüber hinaus wird die Vorgehensweise bei der Datenerhebung und bei der Datenauswertung beschrieben.

3.1 Systematische Literaturanalyse

Im folgenden Abschnitt wird die methodische Herangehensweise der systematischen Literaturanalyse dargestellt und erläutert. Neben der field research, also der Primärforschung in Kapitel 5 steht im theoretischen Bezugsrahmen (Kapitel 2) und im Status Quo (Kapitel 4) die Sekundärforschung (engl. desk research) im Vordergrund. Bei der desk research geht es um die Erhebung, Verarbeitung und Interpretation von bereits vorliegendem Datenmaterial und Wissen. Ziel ist es, den aktuellen Wissensstand zum Forschungsproblem zu untersuchen. Außerdem ergänzt die Literatur die erhobenen Daten der Primärforschung an wesentlichen Stellen und zeigt sowohl Anerkennung als auch Widerspruch zwischen dem aktuellen Forschungsstand und den empirischen Erkenntnissen dieser Arbeit auf.

Da die Masterarbeit in Zusammenarbeit mit dem UN World Food Programme geschrieben wird, stellt die Organisation alle für die Durchführung der Forschung erforderlichen Ressourcen zur Verfügung. Dazu gehören insbesondere IT-Infrastruktur, Literatur, Zugang zu Online-Datenbanken und weitere interne Datenquellen. Themenschwerpunkt der verwendeten Literatur sind dabei folgende:

- Einschlägige Fachliteratur zum Thema humanitäre Hilfe und Herausforderungen sowie Hilfsmaßnahmen zum Schutz und Vorsorge

- Publikationen zur Entwicklungspolitik und internationale Zusammenarbeit

- Beschäftigung mit humanitären Akteuren, NGOs, internationalen Organisationen, lokalen Institutionen und den Vereinten Nationen

- Einschlägige Fachliteratur zu den Themen Innovation, Technologie-Trends, digitaler Wandel und Industrie 4.0

- Beschäftigung mit der Gründerszene und Auseinandersetzung mit Begrifflichkeiten aus der Start-up-Welt (Unternehmertum, Accelerator und Inkubatoren, etc.)

- Studien und Berichte zur Transformation der humanitären Arbeit mit dem Schwerpunkt „humanitarian innovation"

Die identifizierte Fachliteratur wird kritisch analysiert, selektiert, zusammengefasst und anschließend auf Anwendbarkeit bewertet. Die systematische Literaturanalyse bildet die Basis für das Forschungsprojekt.

3.2 Teilstrukturierte Interviews

Teilstrukturierte Interviews werden insbesondere dazu genutzt, um „spezifisches, hoch konzentriertes Wissen ausgewählter Personen zu einem eingegrenzten Themenbereich abzufragen" (Stackelbeck 2000, 36).

Das sogenannte Leitfadeninterview ist eine Befragungstechnik, die durch vorformulierte Fragen strukturiert ist, welche jedoch sehr offen beantwortet werden können (Helfferich 2010). Sowohl die Abfolge der Fragen als auch die Aufnahme spontaner Themen ins Gespräch sind dem Fragensteller überlassen (Mayer 2012, 37 ff.). Ein „Gesprächsleitfaden" enthält Leitfragen und dient als Grundstruktur.

Bei der Befragung geht es um die „Teilhabe an exklusivem Expertenwissen" (Bogner, Littig and Menz 2005, 37), also Insiderwissen das sonst nur schwer oder gar nicht zugänglich wäre. Die Erhebungsmethode stammt aus der qualitativen empirischen Sozialforschung und dient der Ermittlung von Fakten, Wissen, Meinungen, Einstellungen oder Bewertungen eines bestimmten Personenkreises (Schnell, Hill and Esser 1999, 299, Atteslander 2008, Lamnek and Krell, Qualitative Sozialforschung 2016).

Da in dieser Untersuchung innovative Ansätze im humanitären Sektor aufgezeigt und analysiert werden sollen, wird als Datenerhebungsmethode das Experteninterview[14] gewählt, das subjektive und

---

[14] Experten sind in diesem Fall Menschen, die aufgrund ihrer beruflichen Stellung über besonderes Wissen verfügen (Gläser and Laudel, Experteninterviews und qualitative Inhaltsanalyse 2010)

objektive Meinungen, Erfahrungen und Handlungsempfehlungen erlaubt. Das teilstrukturierte Experteninterview bietet die Vorteile, dass Frageformulierungen und die Reihenfolge der Fragen nicht bindend sind und es keine Antwortvorgaben gibt. Durch die flexible Durchführung kann der Interviewer bei bestimmten Antworten nachhaken und seine Fragen der Gesprächssituation anpassen (Gläser and Laudel, Experteninterviews und qualitative Inhaltsanalyse 2006, 36-41). Dabei kommt der Befragte besser zu Wort (Lamnek, Qualitative Sozialforschung: Methoden und Techniken (Band 2) 1995, 51 ff.) und es kann ein natürlicher Gesprächsverlauf zustande kommen.

Die Vergleichbarkeit der Antworten wird anhand des Interviewleitfadens ermöglicht, anhand dessen allen Befragten inhaltlich dieselben Fragen gestellt werden.

3.2.1 Gestaltung des Interviewleitfadens

Der Interviewleidfaden wurde für die Experteninterviews entwickelt und genutzt, um neben der Vergleichbarkeit auch eine strukturierte Fragestellung zu gewährleisten. Er enthält einige ausformulierte Fragen, die je nach Gesprächsverlauf sinngemäß oder wörtlich gefragt werden. Daneben enthält der Leitfaden zusätzliche Stichworte und Ergänzungspunkte, um eventuelles Nachfragen zur Vertiefung zu erleichtern.

Der Interviewleitfaden enthält insgesamt 15 Fragen aus drei thematischen Feldern, welche jeweils von einer Reihe von Fragen bestimmt werden. Durch die Eingrenzung soll vermieden werden, dass die maximale Gesprächsdauer von 45 Minuten überschritten wird.

Außerdem sollen die Befragten die Gelegenheit haben, sowohl eigene Fragen zu stellen als auch eigene Gedankengänge und Betrachtungsweisen zu erläutern.

Der Leitfaden gliedert sich in a) Vorbemerkungen und allgemeine Angaben zum Gesprächspartner, Organisation, Rolle und Tätigkeit b) aktuelle Innovationsprojekte, Technologien und Arbeitsweisen c) Trends und Innovationen im humanitären Bereich und d) abschließende Einschätzungen zum Paradigmenwechsel in der humanitären Hilfe. Der detaillierte Interviewleitfaden ist unter Anhang 1 dieser Arbeit beigefügt.

Die Mehrheit der Fragen wird sämtlichen Interviewpartnern gestellt. Je nach fachlichem Hintergrund (Projektexperte vs. Innovationsexperte) werden die Fragen auf den jeweiligen Tätigkeitsbereich (Innovationszentrum vs. Projekt vor Ort) der Person angepasst.

Die Interviews werden je nach Gesprächspartner entweder auf Englisch oder Deutsch geführt.

3.2.2   Auswahl der Interviewpartner

Für die teilstrukturierten Interviews werden neun Experten zum Thema „The Rise of Humanitarian Innovation", also dem Innovationstrend im humanitären Bereich und den daraus resultierenden Herausforderungen befragt. Die Interviewpartner werden aus einer heterogenen Stichprobe hinsichtlich der folgenden Kriterien ausgewählt.

Die gemeinsame Grundlage der Interviewpartner ist, dass ihre Arbeit im weitesten Sinne mit Innovationen im humanitären Kontext zusammenhängen. Außerdem arbeiten alle Befragten im humanitären Sektor (von UN Organisationen und NGOs bis zu Universitäten), jedoch variiert ihr fachlicher Hintergrund und Blickwinkel teils stark. Zudem haben sie auf Grund ihrer unterschiedlichen Rollen verschiedene Perspektiven auf Innovationen und wie Neuerungen aus verschiedenen Blickwinkeln eingesetzt und umgesetzt werden können. Dazu gehören nicht nur Entscheidungsträger, wie z. B. CEOs oder Bereichs- und Abteilungsleiter, sondern auch Mitarbeiter aus Innovationsabteilungen und „Think Tanks"[15] sowie Projektleiter von Innovationsprojekten vor Ort (z. B. Libanon und Uganda). Nachfolgend sind alle Interviewpartner, deren Rolle und Standort und eine kurze Projektbeschreibung aufgeführt.

---

[15] Als Denkfabrik (englisch think tank) werden Forschungseinrichtungen bezeichnet, die sich mit neuen Lösungsansätze und mit zukünftigen Entwicklungen (Zukunftstrends) auseinandersetzen.

Interview-partner	Initiative und Standort	Beschreibung	Organisation
Jordi Renart *Programme Officer*	WFP Landesbüro *Beirut, Libanon*	Die **Abteilung Politik und Programm** ist verantwortlich für die strategische Ausrichtung in Zusammenhang mit Ernährungs-sicherung und Ernährungsweise im Libanon, Beirut.	
Bernhard Kowatsch Abteilungsleiter *Innovation Accelerator & Mitgründer ShareTheMeal*	WFP Innovation Accelerator *München, Deutschland*	Der **WFP Innovation Accelerator** in München bietet Raum und Möglichkeit für innovative Ideen und Lösungsansätze im Kampf gegen den globalen Hunger.	
Sandra Ertel Projektleiterin *„digital work" im Libanon*	WFP Innovation Accelerator *München, Deutschland*		
Sebastian Stricker *Mitgründer & Abteilungs-leiter*	ShareTheMeal *Berlin, Deutschland*	**ShareTheMeal** ist eine Smartphone-App, die es ermöglicht für 40 Cent Mahlzeiten mit Kindern in Not zu „teilen".	

Milja Laakso & Christopher Szymczak *Teamleitung UNICEF Innovation & Projektleiter VR*	UNICEF Innovation *New York, Vereinigte Staaten*	Das **Global Innovation Center** bietet Unterstützung bei der Entwicklung, Einführung und Skalierung von neuen Lösungswegen. Der **UNICEF-Innovationsfonds** bietet finanzielle Ressourcen für Innovationsprojekte.	
Benjamin Kumpf *Projektleiter UNDP Innovation*	UNDP Innovation *New York, Vereinigte Staaten*	Mit einem globalen Team mit Sitz in Addis Abeba, Amman, Bangkok, Istanbul, New York und Panama City identifiziert, fördert und finanziert die **UNDP Innovation Facility** vielversprechende Entwicklungsmaßnahmen und –konzepte vor Ort.	
Brent Dixon *Innovationsspezialist, Designer, Gründer*	Singularity University *Silicon Valley, Vereinigte Staaten* Unite Labs *New York, Vereinigte Staaten*	**Singularity University** ist eine Silicon Valley Universität oder auch Think Tank, die exponentielle Technologien zur Bewältigung der weltweit größten Herausforderungen	

		erforscht und entwickelt. Die **Unite Labs** fördern Innovationen, in dem UN Mitarbeiter mit Hilfe von finanziellen Mitteln, Ideen und externen Partnern an Lösungen für komplexe globale Herausforderungen arbeiten	UNITED NATIONS
Olivier Delarue *Geschäftsführer GHL*	Global Humanitarian Lab (GHL) *Genf, Schweiz*	**GHL** ist eine Partnerschaft führender humanitärer Organisationen aus betroffenen Bevölkerungsgruppen, dem privaten und öffentlichen Sektor, Universitäten und sozialen Unternehmern. **GHL** fungiert sowohl als Inkubator, um Ideen in Lösungen zu entwickeln, als auch als Beschleuniger für Lösungen im humanitären Bereich.	Global Humanitarian Lab

Tabelle 2: Interviewverzeichnis
Quelle: Eigene Darstellung

3.2.3 Planung und Durchführung der Interviews

Die Vorbereitung der Interviews bestand aus mehreren Phasen. Nach Erstellung des Interviewleitfadens wurde dieser zunächst mit zwei Testpersonen der WFP Innovation & Change Management Abteilung hinsichtlich Verständlichkeit und Logik besprochen. Nachdem die Änderungen eingearbeitet wurden, fanden erste Testinterviews statt und es erfolgte die Auswahl der Interviewpartner.

Nach der ersten Kontaktaufnahme erhielten alle Interviewpartner einen persönlichen Brief (per E-Mail), der sie zur freiwilligen Teilnahme an der Studie einlädt. Neben einer kurzen Zusammenfassung der gestellten Fragen enthält das Schreiben Informationen über den Zweck und den Urheber der Studie sowie über Ort, den Zeitrahmen und den Hinweis auf Datenschutz.

Die empirische Datenerhebung fand im Zeitraum von November 2016 bis Januar 2017 statt. Die Interviews dauerten zwischen 29 und 70 Minuten, die durchschnittliche Gesprächszeit betrug etwa 44 Minuten. Auf Grund der unterschiedlichen Tätigkeiten der Gesprächspartner wurden die Reihenfolge und die Art der Fragestellung dem Interviewverlauf angepasst. Bei den abschließenden offenen Fragen konnten die Experten spontan antworten und Aspekte ansprechen, die vorher nicht in Betracht gezogen wurden.

Die Durchführung der Experteninterviews erfolgte mit Ausnahme von zwei persönlich geführten Interviews in Rom (Italien) und Beirut (Libanon), aus Zeit- und Logistikgründen per Telefon oder Skype.

Sowohl die persönlich geführten Gespräche als auch die Telefoninterviews wurden mit Hilfe eines Aufnahmegerätes aufgezeichnet und in ausführlicher Form protokolliert. Die während der Interviews durchgeführten Audioaufnahmen werden vertraulich behandelt und nur vom Autor der Arbeit selbst analysiert. Auf Wunsch der Befragten werden diese Dateien nach Abschluss der Studie vollständig gelöscht.

Nach Analyse und Auswertung der Interviews, hat jeder Teilnehmer die Möglichkeit, sowohl das Ergebnisprotokoll als auch die ausgearbeiteten Handlungsempfehlungen zu erhalten.

Die Grundlage für die Auswertung der Experteninterviews bildeten die Ergebnisprotokolle anhand welcher eine primär qualitative Analyse der Gesprächsinhalte erfolgte. Bei der Auswertung wurden deckungsgleiche Aussagen und Meinungen zusammengefasst und Ansichten aus Theorie und Praxis einander gegenübergestellt. Die Gesprächstprotokolle sind unter Anhang 2-9 dieser Arbeit beigefügt.

Die Erkenntnisse der Gespräche fließen im Rahmen der Arbeit insbesondere in Kapitel 5 und 6 ein. Mit Hilfe von Verweisen werden einzelne Gesprächsabschnitte, Gedanken und wörtliche Zitate der jeweiligen Gesprächspartner belegt.

4 Status quo: Innovationen im humanitären Bereich

Das humanitäre System steht vor gravierenden Herausforderungen. Komplexe, langanhaltende Instabilität und Konflikte, wie unter anderem in Syrien, Irak, im Südsudan oder in der Zentralafrikanischen Republik bestimmen zunehmend die Arbeit der humanitären Hilfe (Guéhenno 2016). Die globalen Herausforderungen, wie der Klimawandel, extreme Armut, Wasser- und Lebensmittelknappheit, Epidemien, wie die Ebola-Krise und Wetterphänomene, wie El Niño und La Niña spitzen sich zu. All dies spiegelt sich darin wieder, dass derzeit mehr als 65 Millionen Menschen weltweit auf der Flucht sind (United Nations High Commissioner for Refugees, Global Trends: Forced Displacement in 2015 2016, Angenendt, Kipp and Koch 2016) und somit mehr Menschen auf humanitäre Hilfe angewiesen sind als jemals zuvor (Auswärtiges Amt, Auswärtiges Amt 2016, Venohr and Frehse 2016).[16] Damit sind mehr Menschen betroffen, öfter und länger als jemals zuvor (OCHA, Saving Lives Today And Tomorrow: Managing the Risk of Humanitarian Crisis 2014, 10 ff.). Die Kosten für humanitäre Hilfe haben sich dabei mehr als verdreifacht (OCHA, Saving Lives Today And Tomorrow: Managing the Risk of Humanitarian Crisis 2014, 4 ff.).

Auch die Bedürfnisse und Bedingungen der Betroffenen haben sich verändert. Wie die Experten der Universität Oxford Alexander

---

[16] Die wichtigsten Zahlen und Statistiken zu Konflikten, Krisen und Vertriebenen sind im UNHCR Global Trends Jahresbericht 2015 veröffentlicht (United Nations High Commissioner for Refugees, Global Trends: Forced Displacement in 2015 2016).

Betts und Louise Bloom in ihrer jüngsten Veröffentlichung „Humanitarian Innovation: the state of the art" darstellen, lebten in der Vergangenheit der Großteil der Flüchtlinge in ländlichen Lagern (engl. refugee camp), heute leben mehr als die Hälfte in städtischen Gebieten (Betts and Bloom, Humanitarian Innovation: The State of the Art 2014). Auch der durchschnittliche Zeitraum der Vertreibung ist gemäß dem UN-Flüchtlingshilfswerk UNHCR mit 17 Jahren um ein Vielfaches angestiegen (United Nations High Commissioner for Refugees, Global Trends: Forced Displacement in 2015 2016). Kein Wunder, dass Organisationen, NGOs und Regierungen Schwierigkeiten haben, mit dieser Situation umzugehen.

Die Experten sind sich einig, dass mit „business as usual" die aktuellen Herausforderungen und Krisen nicht zu bewältigen sind (Ramalingam and Bound, Innovation for International Development 2016). Ziel ist es, „humanitäre Hilfe und technologische Innovationen des 21. Jahrhunderts zu verzahnen" (World Food Programme , WFP Innovation Accelerator: Neue Lösungswege für eine Welt ohne Hunger 2016), um daraus nachhaltige Entwicklungsmaßnahmen zu kreieren. „Das humanitäre Ökosystem muss sich verändern, verbessern und weiterentwickeln, und „innovation" ist eines der Schlüsselwörter dieses Prozesses" (Guerrini 2014).

Neue Technologien, Produkte und Prozesse sowie neue Partnerschaften ermöglichen es, Probleme schneller und effektiver zu analysieren und anzugehen (Murray 2014). Um mit den wachsenden und wandelnden Anforderungen umzugehen, untersuchen immer mehr

Organisationen die Idee der „humanitarian innovation", also innovative humanitäre Lösungen die auf Konzepte des privaten Sektors aufbauen und das humanitäre System anpassen und verbessern sollen (Betts, Bloom and Weaver, Refugee Innovation: Humanitarian Innovation that Starts with Communities 2015, Betts, Bloom and Kaplan, et al. 2014, Christensen, Kirsch and Syman 2009, Department for International Development (DFID) and UK Aid , Promoting innovation and evidence-based approaches to building resilience and responding to humanitarian crises: 2014).

Trotz der vielen Herausforderungen haben die Akteure innerhalb und außerhalb des humanitären Systems Innovationen erfolgreich übernommen. Nachfolgend werden sowohl neue Ansätze und Strategien in der Theorie, als auch Arbeitsweisen und Akteure aus der Praxis aufgezeigt sowie Innovationen aus der humanitären Welt vorgestellt.

4.1 Humanitäre Innovation in der Theorie

Innovation und (Produkt-) Entwicklung sind aus systematischer Perspektive beides chaotische Prozesse, die schwer vorherzusagen oder zu kontrollieren sind. Eine anerkannte Definition innerhalb des Sektors beschreibt Innovation als dynamischen und unvorhersehbaren Prozess, der sich auf die Schaffung und Umsetzung neuer oder verbesserter Produkte, Dienstleistungen, Prozesse und Geschäftsmodelle konzentriert (Ramalingam, Scriven and Foley, Innovations in international Humanitarian Action 2009, Johnson 2010).

Der vierstufige iterative Prozess in Abbildung 7 ist simpel und kommt in der Regel bei humanitären Innovationsprojekten zum Einsatz (Betts, Bloom and Omata, Humanitarian innovation and refugee protection 2012, Bloom and Betts, The two worlds of humanitarian innovation 2013, Ramalingam and Bound, Innovation for International Development 2016). Das Modell baut auf dem zuvor beschriebenen Innovationsprozess (Kapitel 2.2.2) auf und startet dabei mit (1) einem klar definierten Problem und (2) sucht nach Inspiration um das Problem zu lösen, (3) testet, überarbeitet und implementiert die Lösung, (4) die schließlich für einen größeren Nutzen skaliert werden soll.

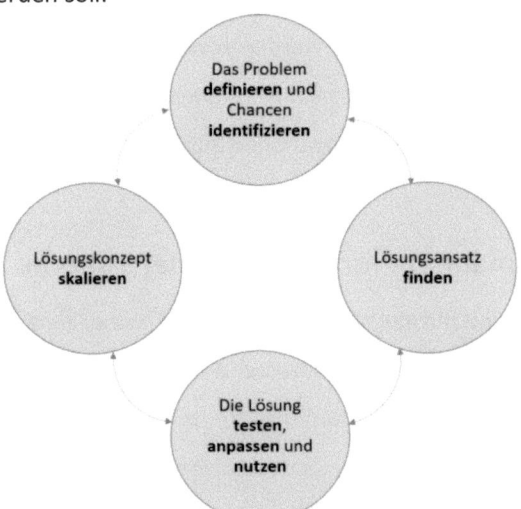

Abbildung 7: Innovationsprozess für humanitäre Innovationsprojekte
Quelle: Eigene Darstellung in Anlehnung an (Bloom and Betts, The two worlds of humanitarian innovation 2013)

Die zyklische Darstellung des Innovationsprozesses verdeutlicht das kontinuierliche Anpassen und Lernen (einschließlich Lernen aus Fehlern) in jeder Phase. Die Prozesssicht ermöglicht es, Barrieren und Chancen auf jeder der vier Etappen zu identifizieren, um daraus Lösungen zu entwickeln und umzusetzen. Dabei ergibt sich eine Perspektive, die als Rahmen für Forschung und Praxis genutzt werden kann.

4.2 Humanitäre Innovationen in der Praxis

„We must not forget that the people we serve must always remain at the center of everything we do.

Innovation is one of the means through which we can achieve a greater impact in that mission."[17]

UN-Generalsekretär Ban Ki-moon

(United Nations , Innovation in the UN 2015)

4.2.1 Die Vereinten Nationen

Die Vereinten Nationen, englisch United Nations (kurz UN) oder auch UNO für United Nations Organization, ist eine globale internationale Institution, bestehend aus derzeit 193 Mitgliedstaaten. Der zwischenstaatliche Zusammenschluss mit Sitz in New York, trifft sich regelmäßig, um über globale Herausforderungen zu sprechen und gemeinsame und einvernehmliche Lösungen zu finden (UN 2016).

---

[17] Deutsch „Wir dürfen nicht vergessen, dass die Menschen, denen wir dienen, immer im Mittelpunkt unseres Handelns stehen. Innovation ist eines der Mittel, mit denen wir eine größere Auswirkung in dieser Mission erzielen können."

Die Vereinten Nationen sind ein hochkomplexes System, das sich aus mehreren Organen zusammensetzt, die wiederum Unterorganisationen enthalten, die alle mit spezifischen Funktionen und Zielen beauftragt sind (UN 2016). Dabei sind die zentralen Handlungsfelder eng miteinander verwoben: Friedenssicherung und Konfliktprävention, Schutz der Menschenrechte und Grundfreiheiten sowie Förderung der internationalen Zusammenarbeit (Pötzsch 2009). Die folgende Abbildung soll die Größe und die Verwobenheit der verschiedenen Organisationen aufzeigen ohne Näher darauf einzugehen.

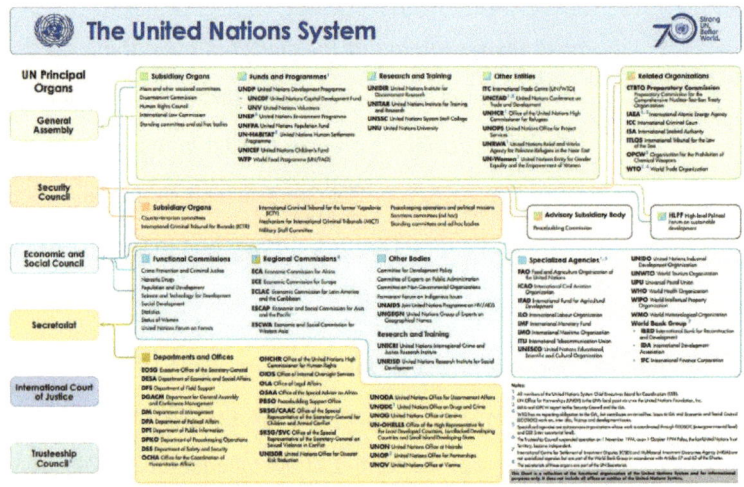

Abbildung 8: Das System der Vereinten Nationen
Quelle: (United Nations , UN System of Organizations 2015)

Den Vereinten Nationen bläst ein scharfer Wind entgegen - Stimmen werfen der UN vor langsam, schwerfällig, ineffizient, bürokratisch und handlungsschwach zu sein (Müller 2001, Fasulo 2009).

Andere behaupten, die Vereinten Nationen sind eine unentbehrliche Organisation, die die Welt zu einem besseren Ort gemacht hat (Hanhimäki 2008).

In jedem Fall müssen Alternativen und Reformen gefunden werden um sich der wachsenden Komplexität des 21. Jahrhunderts in einer sich rasch verändernden Welt stellen zu können. Dabei erfordert das System der Vereinten Nationen dynamische Lösungen, um sicherzustellen, dass es trotz rasant verschärfender politischer und sozialer Entwicklungen weiterhin relevant und reaktionsfähig ist. In Bezug darauf sollen sowohl heimische und lokale Innovationen gefördert werden als auch ein interner organisatorischer Wandel stattfinden. Dieser Paradigmenwechsel in Arbeitsansätzen und Denkweisen verspricht eine innovativere und flexiblere Organisationskultur.

Nicht nur die UN-Organisationen, auch viele Regierungen und Nichtregierungsorganisationen, unter anderem International Committee of the Red Cross (kurz ICRC) oder World Vision, haben die Zeichen der Zeit erkannt und vermehrt in Innovationsthemen investiert. Weiter sind in den letzten Jahren vermehrt Allianzen und Partnerschaften entstanden, die sich Innovation auf die Fahnen geschrieben haben, um Kompetenzen zu bündeln und gemeinsam an neuen Arbeitsweisen und Technologien zu forschen und diese auch umsetzen.

4.2.2 Übersicht über Forschungs- und Innovationseinrichtungen

Die erste Initiative, die sich mit dem Thema Innovation im humanitären Sektor intensiv beschäftigte, war das humanitäre Bildungsnetzwerk ALNAP (Active Learning Network for

Accountability and Performance in Humanitarian Action, kurz ALNAP) welches im Jahr 2009 zur ersten Innovationskonferenz einlud. Es folgten weitere Veranstaltungen, Vortragsreihen und eine viel beachtete Studie zum Thema Innovationen im humanitären Bereich[18]. Im selben Jahr kündigte das britische Ministerium für internationale Entwicklung (Department for International Development, kurz DFID) eine Investition in Höhe von 3 Millionen Pfund für Innovationen im humanitären Bereich an. Ein Teil des Geldes diente der Gründung des Humanitarian Innovation Fund (kurz HIF) im Jahr 2010, dem damals einzigen nichtstaatlichen Geldgeber für Innovationen im humanitären Bereich. Seitdem haben eine wachsende Anzahl von Organisationen Innovationsprozesse eingeführt, um eine neue Denkweise zu etablieren und zu fördern (Department for International Development (DFID), Promoting Innovation and Evidence-Based Approaches to Building Resilience and Responding to Humanitarian Crisis 2012, Ramalingam, Scriven and Foley, Innovations in international Humanitarian Action 2009).

Sowohl UN-Organisationen als auch Nichtregierungsorganisationen (non-governmental organisation, kurz NGO) haben seitdem Innovationslabore und ähnliche Initiativen gegründet, Entwicklungsstipendien entwickelt und neue Partnerschaften mit der Privatwirtschaft und Universitäten aufgebaut, um vielversprechende Ideen und Lösungswege zu identifizieren, zu testen und umzusetzen.

---

[18] Der Bericht wurde von ALNAP unter dem Namen „Innovations in international humanitarian action" veröffentlicht (Ramalingam, Scriven und Foley, Innovations in international Humanitarian Action 2009).

Im Jahr 2013 veröffentlichte OCHA einen Bericht[19] über das Niveau der Innovationspraxis im humanitären Bereich. Dabei wurden Dutzende von Forschungsprogrammen, Förderprogrammen und Netzwerken für humanitäre Innovationen identifiziert, von denen die große Mehrzahl zu dem Zeitpunkt neu (< 6 Jahre) etabliert warten (Bloom und Betts, The two worlds of humanitarian innovation 2013). Damit zeichnet sich ein Paradigmenwechsel in der Arbeit von humanitären Organisationen ab.

Eine weitere Initialzündung für viele Initiativen und Projekte war der Weltgipfel für humanitäre Hilfe in Istanbul 2016, der das Thema Innovation als eines von vier Schlüsselthemen in den Mittelpunkt seiner Agenda rückte. Ergebnisse waren unter anderem neue Partnerschaften und Kooperationen sowie der Beschluss für zusätzliche Mittel für Innovationsprojekte.[20]

Tabelle 3 zeigt eine Momentaufnahme der größten und einflussreichsten Initiativen zur Entwicklung, Umsetzung und Finanzierung von Projekten sowie Kooperationen und Netzwerke in der humanitären Innovationslandschaft. Die instrumentale Umsetzung von Innovationen findet dabei in verschiedensten Formen statt. So sind einige dieser Initiativen in großem Umfang in mehreren Ländern aktiv, während andere lokal vertreten sind oder sich erst im Aufbau befinden.

---

[19] Der Bericht von UN OCHA erschien unter dem Titel: Humanitarianism in the Network Age (OCHA, Humanitarianism in the network age 2013).

[20] Hintergrund, Initiativen, Ziele und Verpflichtungen des World Humanitarian Summit sind hier veröffentlicht:
https://www.worldhumanitariansummit.org/summit

Des Weiteren ist zu erkennen, dass Organisationen vermehrt auf Forschungszentren (engl. innovation space) und Forschungslabore (engl. innovation labs) setzen.

	Initiative	Ansatz	Gründung
United Nations	**WFP Innovation Accelerator**	Innovationszentrum München	2016
	UNHCR Innovation	Innovationslabore weltweit	2012
	UNICEF Innovation Lab	Innovationslabore weltweit	2015
	UNICEF Innovation Fund	Finanzielle Projektförderung	
NGOs	**World Vision Innovation Lab**	Innovationslabor Nepal	2015
	Médecins Sans Frontières Innovation	Forschung und Entwicklung	2014
	International Committee of the Red Cross Innovation (RED Innovation)	Forschung und Entwicklung	2015
	Digital Humanitarian Network	Kooperation und Netzwerk	2012

Allianzen	**Global Alliance for Humanitarian Innovation (GAHI)**	Zusammenschluss von Hilfsorganisationen, Regierungen sowie deren Partnern aus Wissenschaft und Industrie	2016
	Global Humanitarian Lab (GHL)		2016
	Global Partnership for Humanitarian Impact and Innovation (GPHI2)		2014
Regierungen	**Global Innovation Fund** USAID, DFID, Schweden, Australien	Fördermittelfond	2014
	Global Development Lab, USAID	Fördermittelfond	2014
	Humanitarian Innovation Fund, DFID, Niederlande, Schweden	Fördermittelfond	2010
Universitäten & Think Tanks	**International Development Innovation Network**, Massachusetts Institute of Technology	Kooperation und Netzwerk	2011
	Humanitarian Innovation Project University of Oxford	Forschung und Entwicklung	2012
	Singularity University Labs	Kooperation und Netzwerk	2011

University of Leiden Centre for Innovation	Forschung und Entwicklung	2012

Tabelle 3: Beispiele für humanitäre Innovationsinitiativen
Quelle: Eigene Darstellung in Anlehnung an (Betts and Bloom, Humanitarian Innovation: The State of the Art 2014)

Wie zu sehen ist, sind in den letzten Jahren die Innovationsaktivitäten enorm gestiegen. Organisationen versuchen vermehrt ihre Innovationsanstrengungen zu überarbeiten, zu verbessern oder zu bündeln. Des Weiteren konnte die Finanzierung von Projekten zunehmend gesteigert werden, sei es mit Hilfe von gemeinschaftlich geförderten Geldmitteln (zum Beispiel von USAID und DFID) im Global Innovation Fund oder mit internen Mechanismen in Form von organisatorischen Innovationsfonds und Innovationslaboren.

Das breite Spektrum der Akteure im humanitären System bietet großes Potential für neue Verbindungen und gegenseitiges Lernen und Bereicherung.

4.2.3 Neue Arbeitsweisen – von Top-Down zu Bottom-Up

Damit Innovationen erfolgreich sein können, müssen sie jedoch zuerst die Bedürfnisse von Menschen wecken, angenommen und umgesetzt werden. In den vergangenen Jahren wurden häufig Ideen und Technologien direkt aus den Industrieländern in die Entwicklungsländer exportiert, ohne sie an die lokalen Gegebenheiten anzupassen. Getreu dem Motto, was hierzulande funktioniert, wird dort allemal funktionieren (Schmid 2015). Dieser Top-Down Ansatz[21], wurde häufig von der lokalen Bevölkerung abgelehnt, was zu fehlgeschlagenen Projekten und wenig Erfolg führte.

Der Leitsatz heute lautet „Think global, act local"[22] (Nabarro and Nayyar 2016). Dabei arbeiten Entwicklungsorganisationen stärker mit den lokalen Bevölkerungen und Organisationen vor Ort zusammen. Dabei soll identifiziert werden, was wirklich gebraucht wird, um so auf lokalen Fähigkeiten und Kenntnissen aufzubauen (Bottom-Up Ansatz). Ziel ist es, bestehende Systeme und Technologien zu erhalten und darauf neue verbesserte Lösungen zu entwickeln. Ideen und Erfindungen sollen so zu nachhaltigen Innovationen mit weitreichenden Auswirkungen werden, um so Einkommen und Chancen der Menschen zu verbessern (Steed 2010, 6).

Der Bericht „Refugee Innovation" von der Universität Oxford untersucht Flüchtlingsinnovationen in Uganda, Jordanien, Kenia, Südafrika und den Vereinigten Staaten (Betts, Bloom and Weaver, Refugee Innovation: Humanitarian Innovation that Starts with Communities 2015). Die teils krisenbetroffenen Gemeinschaften, identifizieren dabei ihre eigenen Chancen (anstatt sich nur auf Top-Down-Innovationsansätze zu verlassen) und arbeiten mit der Unterstützung von humanitären Organisationen an einer breiten Palette an nachhaltigen

---

[21] Top-down (in etwa: „von oben nach unten") ist eine Methode zur Vorgehensweise bei der Problemlösung. Veränderung kommen vom Auftraggeber oder der obersten Führungsebene und werden zur Ausarbeitung bzw. Umsetzung nach unten weitergegeben. Dabei geht es um das Vorleben der Vision, bzw. der Veränderung (Bornemann 2014).

[22] Deutsch „Global denken, lokal handeln".

Lösungen für aktuelle und zukünftige humanitäre Herausforderungen. Beispiele dafür sind die Entwicklung eines Generators zur Stromerzeugung im Flüchtlingscamp Kakuma in Kenia, die mit dem Cambridge Siegel ausgezeichnete Albert Street Schule in Südafrika mit über 400 Schülern, geführt von Flüchtlingen aus Zimbabwe, ein Umzugsservice oder Brunnen im Zaatari Flüchtlingscamp in Jordanien und die YARID Organisation in Kampala in Uganda, eine Bildungs- und Fördereinrichtung für Jugendliche.

4.2.4 Technologie-Trends

Die neuen Kommunikationstechnologien haben sich rasant auf der ganzen Welt ausgebreitet und immer mehr Menschen verfügen über einen Mobilfunkanschluss und haben Zugang zum Internet. Im Jahr 2015 belief sich die Anzahl der Mobilfunkanschlüsse auf über 7 Milliarden weltweit (2008 waren es gerade mal 4 Milliarden) (Institut für Demoskopie Allensbach, Anzahl der Mobilfunkanschlüsse weltweit von 1993 bis 2016 2016), darunter knapp 2 Milliarden Smartphone Nutzer (Institut für Demoskopie Allensbach, Zitiert nach de.statista.com 2016). Social Media ist ebenfalls äußerst populär - Facebook hat über eine Milliarde Nutzer weltweit und Twitter mehr als eine halbe Milliarde (Social Media Institute 2016). Dies hat zu einer Informationsrevolution geführt, die einen besseren Zugang zu Informations- und Kommunikationskanälen zu geringeren Kosten und in Echtzeit ermöglicht (Floridi 2015).

Laut der Mobility-Studie von Ericsson haben in Afrika acht von zehn Menschen einen Mobilfunkanschluss. Das sind circa eine Milliarde Anschlüsse, vor fünf Jahren waren es noch halb so viele

(Ericsson 2015). Die Bevölkerung verschafft sich so Zugang zu Marktinformationen, Gesundheitsvorsorge, Finanzdienstleistungen sowie zu Notfallinformations- und Nachrichten-Apps (Poushter 2015). Für viele Afrikaner bedeutet das Mobiltelefon auch die einzige Möglichkeit am bargeldlosen Zahlungsverkehr teilzunehmen. „Denn 70 Prozent der Afrikaner haben keine Bankkonten und sind [so zumindest] mit dem Mobiltelefon in der Lage, mobile Zahlungssysteme beispielsweise per SMS-Kurznachricht zu nutzen" (Heuzeroth 2015).

Als Vorreiter soll hier das **mobile Bezahlsystem M-PESA (M steht für „mobil" und „Pesa" für Geld in Suaheli) genannt werden**. Dabei handelt es sich um ein Bezahlsystem bei dem das Mobiltelefon als Überweisungsträger oder mobile Bank dient (Leiberich 2014).

Abbildung 9: M-PESA: Mobile Geldüberweisungen in einem Geschäft in Kenia
Quelle: (Twomey 2013)

Auch humanitäre Organisationen haben diesen technologischen Wandel erkannt und setzen immer häufiger auf digitale Technolgien. Dabei erleichtern Mobilfunktechnik und soziale Medien Kommunikations- und Frühwarnsysteme. Aber auch beim Bargeldtransfer, bei der Überwachung und Bewertung sowie für die Verfolgung und den

Schutz von Familien spielen die digitalen Techniken eine immer größere Rolle.

Um in Krisensituationen und bei Naturkatastrophen bestmöglich zu reagieren, müssen schnellstmöglich Informationen über die Lage gesammelt werden, wobei Technologien schnell und nutzenbringend eingesetzt werden. So kommen Innovationen vielfach aus dem Bereich der Informationstechnologie zum Einsatz. Mittels satellitengestützter Fernerkundung lassen sich beispielsweise Übersichtskarten für Einsatzkräfte in Katastrophengebieten schnell erstellen (Deutsches Zentrum für Luft- und Raumfahrt 2016). Mit Hilfe von Satellitenfotos und –videos können Hilfslieferungen gezielt gesteuert werden. Des Weiteren können Geo-Daten dazu beitragen „Orte in abgelegenen Gebieten zu finden oder zu prognostizieren, wie viele Menschen in der Region Hilfe benötigen" (Ärzte ohne Grenzen 2016).

Beispiele dafür sind das Humanitarian Open Streetmap und das Missing Maps Projekt des britischen und amerikanischen Roten Kreuzes. Dabei geht es um die Abbildung der abgelegensten Regionen in Entwicklungs- und Schwellenländern, um internationalen Organisationen und lokalen NGOs Karten und Daten zur Verfügung zu stellen, um so besser auf Krisen und Naturkatastrophen reagieren zu können. Die Karten entstehen dabei mit Hilfe der „Crowd", also den Freiwilligen im Netz, die öffentliche Straßenkarten mit Details befüllen (Argus 2014, Beuerbach 2016). Abbildung 8 zeigt die Stadt Baraka in der Demokratischen Republik Kongo vor und nach der Bearbeitung durch die Missing-Maps Community.

Abbildung 10: Das Missing Maps Projekt: Baraka vor und nach der Bearbeitung

Quelle: (Argus 2014)

Hightech gegen Hunger – so verwendet das UN World Food Programme zum Beispiel den biometrischen Fingerabdruck und auch die Iriserkennung bei der Nahrungsmittelverteilung und im Zahlungsverkehr in Jordanien (World Food Programme, WFP Uses Innovative Iris Scan Technology To Provide Food Assistance To Syrian Refugees In Jordan 2016). Beides sind Methoden der Biometrie und dienen zum Zweck der Identifizierung oder Authentifizierung von Personen.

Ärzte ohne Grenzen nutzen Telemedizin bei der Krisenversorgung (Ärzte ohne Grenzen 2016). Dabei kann „das Telemedizin-System bei der Behandlung auch Spezialisten hinzuziehen, die Hunderte von Kilometern entfernt sind" (European Space Agency 2002). Selbst Prothesen aus dem 3D-Drucker sind in der humanitären Welt keine Seltenheit mehr (Nussmayr 2015).

Die UN experimentiert bereits mit humanitären Rettungsrobotern und Drohnen sowohl zur Zwecken der Datenerhebung und –beobachtung als auch zur Logistik und Paketlieferung (OCHA, Unmanned Aerial Vehicles in Humanitarian Response 2014).

Abbildung 11: Drohnenaufnahme nach Erdbeben in Nepal & Drohnenabwurf von Notfallmedizin in Ruanda

Quelle: (Tan 2015, o.V., Drop blood not bombs: Drones to deliver emergency medicine to Rwanda 2016)

Laut einer Studie des Digital Humanitarian Network's besteht ebenfalls ein großes Interesse an Big Data Technologien (Whipkey and Verity 2015, OCHA, Big data and humanitarianism: 5 things you need to know 2013, Pratt 2016). Dabei geht es um die Sammlung und Auswertung von großen, komplexen und schnelllebigen Datenmengen, wie z. B. Mobiltelefon- und Emailaufzeichnungen, Apps, Social Media, Zahlungsbewegungen oder GPS-Verfolgung.

Hilfsorganisationen nutzen die neuen Technologien, um in Echtzeit Informationen zu erhalten und sich damit auf Katastrophen vorzubereiten und darauf zu reagieren. Zum Beispiel zeigte eine Studie, dass Echtzeit-Monitoring von Twitter-Nachrichten den Cholera Ausbruch auf Haiti in 2010, zwei Wochen früher feststellen hätte können, als es schließlich offiziell attestiert wurde (Whipkey and Verity 2015, 9). Auch das Digital Humanitarian Network konnte mit Hilfe von Big Data, innerhalb von 24 Stunden nachdem Taifun Bopha über die Philippinen raste, 20.000 Social-Media-Nachrichten analysieren und kategorisieren, um so eine Karte der Auswirkungen des Sturms zu erstellen (Pfitzenmaier 2013, OCHA, Big data and humanitarianism: 5 things you need to know 2013).

Die oben aufgezeigten Beispiele verdeutlichen, die großen Auswirkungen der neuen Technologien und deren enormen Chancen als Zukunftstreiber für eine gerechtere Welt. Humanitäre Organisationen können so schneller auf Krisen reagieren, sich besser vorbereiten oder sie gar vermeiden.

4.2.5 Herausforderungen bei der Umsetzung

Der humanitäre Sektor versucht, sowohl eine Innovationsmanagement-Praxis als auch eine Innovationskultur in seinen Reihen zu entwickeln und zu etablieren. Dabei sind alle Beteiligten auf der Suche nach dem Königsweg.

Das Kernproblem bei der Umsetzung lautet aber erfahrungsgemäß: Wie können Organisationen im humanitären Kontext erfolgreiche Innovationen langfristig generieren und einführen? Große Herausforderungen dabei sind die besonderen Einschränkungen des humanitären Systems (z. B. finanzielle Abhängigkeit der Geldgeber) und der spezifischen operationellen Herausforderungen im humanitären Kontext. Diese Schwierigkeiten zeigen sich in den folgenden vier Problemfeldern (Obrecht and Warner 2016):

- Nur wenige „humanitarians", also humanitäre Helfer bzw. Mitarbeiter haben ein klares Verständnis dafür, was Innovation von anderen Formen der Programmgestaltung unterscheidet und nur wenige Organisationen haben die institutionellen Räumlichkeiten und Ressourcen (vor allem finanzielle Mittel), die erforderlich sind, um Innovationen effektiv zu bewältigen.

- Es gibt keine einheitliche Definition, wie erfolgreiche Innovationen aussehen und nur wenige Orientierungspunkte die zur Bewertung von Innovationen beitragen.

- Innovationen sind in der Regel mit Risiken behaftet. Es wird Neuland betreten, mit unerwarteten Folgewirkungen. Im komplexen humanitären Kontext mit permanent verändernden Rahmenbedingungen (z. B. Naturkatastrophen oder Bürgerkriegen) sind die Folgen auch kleinster Eingriffe oft nur schwer vorhersagbar. „Die Beurteilung der Qualität und Richtung von Innovationen sowie die Abschätzung ihrer Wirkungen bringen also immense Unsicherheiten mit sich" (Gleich 2005). Demnach sind Unsicherheit und die Risikoaversion des humanitären Sektors Treiber einer gemäßigten Innovationskraft.

- Trotz des Anstiegs von spezifischen Innovationseinheiten, gibt es noch immer nur begrenzte praktische Leitlinien, wie erfolgreiche Innovationen im humanitären Sektor aussehen und wie sie erreicht werden können. Bestehende Forschungsarbeiten zur humanitären Innovation sind im Wesentlichen beschreibender Natur, mit wenig oder gar keiner Analyse, wie Innovation auf pragmatischer Ebene umgesetzt werden soll und welche Faktoren zu ihrem Erfolg beitragen.

Eine weitere wichtige Einschränkung ist der Mangel an empirisch fundierter Forschung zu den spezifischen Merkmalen der humanitären Innovationen auf Projektebene. Um dies zu bewältigen, wurden 9 Experteninterviews zu Innovationseinrichtungen bzw. spezifischen Projekten humanitärer Innovationen durchgeführt.

Im folgenden Abschnitt werden die wichtigsten Ergebnisse und Schlussfolgerungen dieser Interviews dargestellt. Die zentralen Fragen die hierbei beantwortet werden sollen, sind:

1. Was bedeutet „humanitarian innovation" und was wird damit verbunden?

2. Welche Technologietrends haben aktuell und in Zukunft die größten Auswirkungen im humanitären Bereich?

3. Was sind Faktoren für einen erfolgreichen Innovationsprozess?

4. Können die traditionellen Innovationsmethoden auch im humanitären Bereich angewandt werden?

5. Zur Erreichung der SDGs müssen sich die humanitären Organisationen neu erfinden – ist der Innovationsgedanke schon vollkommen im humanitären System angekommen (Stichwort „innovation change")?

5 Empirische Erkenntnisse

Im folgenden Kapitel werden nun die gewonnenen Erkenntnisse aus den Experteninterviews dargestellt und mit humanitären Projekten aus den jeweiligen Innovationseinrichtungen verdeutlicht. Dabei werden die bedeutendsten Erkenntnisse mit den entsprechenden Zitaten aus den Interviews hervorgehoben. Zunächst werden die Ergebnisse aus den Interviews dargestellt und anhand der Innovationsverfahren aus der Praxis veranschaulicht (Kapitel 5), anschließend werden Erfolgsfaktoren für ein erfolgreiches Innovations-management eingeführt (Kapitel 6).

Sowohl UN-Organisationen als auch Nichtregierungsorganisationen haben Change Management und Innovation zu ihrer Priorität gemacht (Bloom and Faulker, Innovation Spaces: Transforming humanitarian practice in the United Nations 2015). Das Verständnis für „humanitarian innovation" und strukturelles Umdenken wurde vielerorts erkannt und bereits angegangen. Dabei sind vor allem die Methoden und Praktiken von UNICEF Innovation, WFP Innovation Accelerator und UNDP Innovation Facility hervorzuheben, die mit ihren Innovationsabteilungen Maßstäbe in der humanitären Welt gesetzt haben.

Sowohl die Think Tanks aus dem Silicon Valley (unter anderem Singularity University) beschäftigen sich mit Neuerungen als auch der World Humanitarian Summit 2016 in Istanbul mit dem Motto „transformation through innovation", der nochmals die Rolle von Wissenschaft, Technologie und Innovation im humanitären Sektor betonte. Dabei wurde das Global Humanitarian Lab ins Leben gerufen, eine

Kooperation bestehend aus verschiedenen Organisationen mit dem Ziel humanitäre Herausforderungen mit digitaler Fertigung (engl. digital fabrication) auf globaler Ebene zu lösen

Wie sehen also die humanitären Innovationen der genannten Big Player aus und wie werden sie organisiert? Dabei sollen einige der State of the Art Innovationen aus den Innovationslaboren, Inkubatoren (Ideen zu Prototypen entwickeln) und Innovation Accelerator (Prototypen zu skalierten Lösungen machen) der humanitären Welt vorgestellt werden.

Die Darstellung der Ergebnisse aus den Experteninterviews erfolgt nach Organisationen und deren Innovationseinrichtung. Die gewählte Reihenfolge spielt hier keine Rolle und ist ohne Wertung zu interpretieren. Zunächst wird die jeweilige Organisation und die befragte Person kurz vorgestellt und anschließend die Philosophie und Arbeitsweise der Innovationsabteilung betrachtet. Die Experten erläutern daraufhin die aktuellen Ansätze, Prozesse und Trends aus Sicht der jeweiligen Innovationseinheit, des Landesbüros oder des aktuellen Projekts. Dabei werden sowohl Herausforderungen und Erfolge als auch verbleibende Möglichkeiten dargestellt. Schließlich werden die jeweiligen Innovationspraktiken und Arbeitsansätze anhand von Beispielprojekten veranschaulicht. Die jeweiligen Projekte wurden ausgewählt, da sie entweder unter Mithilfe der befragten Personen umgesetzt oder sie explizit als Erfolgsprojekt genannt wurden.

5.1   UNICEF Innovation[23]

„I believe UNICEF's most important contribution has been innovation. Technical innovation, of course, but also innovation in how we think about development."

Anthony Lake, UNICEF Executive Director

(UNICEF, UNICEF Innovation Annual Report 2014 2014)

Das Kinderhilfswerk der Vereinten Nationen (englisch United Nations Children's Fund, kurz UNICEF) mit Sitz in New York City, ist eines der entwicklungspolitischen Organe der Vereinten Nationen und bietet humanitäre Hilfe für Kinder und Mütter in Entwicklungsländern.

Für UNICEF bedeutet Innovation „Doing something new or different that adds value" (Interview mit Chris Szymczak). UNICEF nutzt Innovationen, um Lösungen zu schaffen, die ihre Programme stärken und Ergebnisse beschleunigen, die die Ungleichheiten für Kinder reduzieren. Die Innovationsabteilung wurde bereits 2007 gegründet und ist heutzutage führend bei Innovationsaktivitäten innerhalb der UN-Organisationen (Bloom and Faulker, Innovation Spaces: Transforming humanitarian practice in the United Nations 2015). Um die Innovationsfähigkeit zu steigern hat UNICEF das Global Innovation Center ins Leben gerufen, das Unterstützung bei der Entwicklung, Einführung und Skalierung von neuen Lösungswegen bereitstellt. Des Weiteren bietet der UNICEF-Innovationsfonds finanzielle Ressourcen für Innovationsprojekte (Devise: bewerten, finanzieren, skalieren).

---

[23] Interview mit Milja Laakso, Teamleitung UNICEF Innovation & Christopher Szymczak, Virtual Reality Experte

UNICEF Innovation besteht aus einem interdisziplinären Team an verschiedenen Standorten der Welt, die sich mit der Identifizierung, Prototypenentwicklung und Skalierung von Technologien und Praktiken beschäftigen, um so die Entwicklung der humanitären Arbeit von UNICEF zu unterstützen und zu stärken. UNICEF Innovation ist in mehrere Einheiten auf der ganzen Welt organisiert, wobei jede Einheit verschiedenen Zwecken dient.

- Eine Innovationseinheit in New York City (UNICEF HQ), die sowohl UNICEF-Programme vor Ort unterstützt als auch die Integration von Technologie, Design Thinking Ansätzen und Partnerschaften mit dem Privatsektor und der Wissenschaft koordiniert.

- Ein Innovationszentrum in Nairobi, Afrika, das skalierbare Innovationen identifiziert und erprobt.

- Ein kleines Innovationsteam in San Francisco, das Partnerschaften mit der Technologiebranche aufbaut und soziale Start-ups unterstützt.

- Ein Innovationsteam in Kopenhagen, das eng mit dem Privatsektor und anderen Partnern auf dem Gebiet der Versorgung (englisch supply) und Produktinnovation zusammenarbeitet.

- Ein Netzwerk von aktuell 15 Innovationslaboren (UNICEF Innovation Labs[24]) auf der ganzen Welt verstreut (u.a. in Armenien, Burundi, Kosovo, Sambia, Sudan, Uganda und Simbabwe), die den privaten Sektor, lokale NGOs, die Universitäten und den öffentlichen Sektor direkt mit dem Nutzer vernetzen, um gemeinsam Lösungen für soziale Fragen zu entwickeln und neue Ideen vor Ort zu beschleunigen. Mit Mentorenschaften und finanziellen Zuschüssen unterstützt UNICEF dabei soziale Pilotprojekte bei der Gründung und Entwicklung.

Die UNICEF Innovationsexpertin Milja Laakso betont im Interview den hohen Stellenwert der Zusammenarbeit mit dem Endnutzer (Stichwort: Human- Centered Design), das Verständnis lokaler Ökosysteme, den Fokus auf Skalierung sowie die Nutzung von Open-Source-Technologien und Open Data (also Technologien und Daten die öffentlich verfügbar und nutzbar sind).

Die Innovationsschwerpunkte von UNICEF enthalten die Themen: Echtzeitinformationen, Zugang zu Informationen, Infrastruktur, Jugend-Aktivismus und Produktinnovation. Dabei geht es um Innovationen wie der mobilen Geburtenregistrierung per RapidSMS in Nigeria über die Verwendung von Drohnen in Malawi, um Blutproben für die Frühdiagnose und Behandlung von Säuglingen gegen HIV zu

---

[24] UNICEF Innovation Labs sind offene, kollaborative Inkubationsbeschleuniger, die Unternehmen, Universitäten, Regierungen und die Zivilgesellschaft zusammenbringen, um nachhaltige Lösungen für die drängendsten Herausforderungen für Kinder und Jugendliche zu schaffen. Das Lab-Modell schafft Chancen für junge Menschen, die einen einzigartigen Einblick in aktuellen Herausforderungen ihrer Gemeinschaft haben, um kreative und nachhaltige Lösungen zu entwickeln.

transportieren, bis hin zu UNICEF's „Digital Kiosk", solarbetriebene robuste Computer-Kioske in Jugendzentren in ländlichen Gebieten Afrikas.

Abbildung 12: UNICEF Innovationen (abgebildet Digital Kiosk in Uganda & Virtual Reality)

Quelle: (UNICEF, UNICEF Innovation Annual Report 2014 2014, 9; 39)

UNICEF und ihre Partner vor Ort benötigen innovative Lösungen um z. B. die begrenzte Infrastruktur, die langsame Datenerhebung und den Zugang zu kritischen Informationen für alle zu gewährleisten. Laut Chris Szymczak wird dabei in unterschiedliche Technologien und Bereiche wie beispielsweise mobile Finanzdienstleistungen (mobilfunkbasierende Bezahlung) und digitale Währungen (u.a. Bitcoin), tragbare Sensortechnik, Transportwesen und Lieferung sowie Identifizierung und Bildung investiert.

Eine von UNICEF identifizierte zukünftige Technologie ist Virtual Reality (virtuelle Realität, kurz VR). In Zusammenarbeit mit UNICEF, Samsung und dem Produktionsstudio VRSE.works entstand „Clouds over Sidra", der erste virtual reality Film über die syrische Flüchtlingskrise.[25] Hier führt ein junges Mädchen durch ihren Alltag im syrischen Flüchtlingslager Zaatari in Jordanien. Der Betrachter taucht mit Hilfe

---

[25] Virtual Reality Film „Clouds over Sidra"

einer Samsung VR Brille vollständig in das Leben vor Ort ein. Der VR-Experte von UNICEF, Christopher Szymczak, sieht in der VR-Technologie großes Potenzial. Sein aktuelles Projekt ist eine Filmreihe, die die Entwicklung der globalen Herausforderungen anschaulich demonstriert. Weiter möchte er die VR-Technologie nutzen um interaktive virtuelle Schulungsvideos für Kinder zu drehen und VR Filme für Spendensammlungen nutzen.

5.2 WFP Innovation Accelerator[26]

„The current unprecedented level of crisis requires us all to do more

with less.

It requires solidarity and burden sharing. Innovation must be our

new norm."

Ertharin Cousin, WFP Executive Director

(World Food Programme, Speeches 2014)

Das Welternährungsprogramm der Vereinten Nationen (engl. World Food Programme, kurz WFP) mit Sitz in Rom, ist die weltweit größte humanitäre Hilfsorganisation und wichtigste Institution der UN im Kampf gegen den Hunger. In Notsituationen bringt das World Food Programme Nahrungsmittel dorthin, wo sie dringend benötigt werden, um so den Opfern von Kriegen, Konflikten und Naturkatastrophen zu helfen. WFP unterstützt durchschnittlich 80 Millionen Menschen in über 75 Ländern mit Ernährungshilfe (World Food Programme, Über WFP 2016). Von Afrika und Asien bis Lateinamerika und dem Nahen Osten gibt es derzeit geschätzt 795 Millionen Menschen auf der Welt, die nicht genug Nahrung bekommen, um ein normales, aktives Leben zu führen.

Die Hunger Map in Abbildung 13 zeigt, dass es trotz großer Fortschritte im Kampf gegen Hunger (die Zahl der Hungernden ist seit den 1990er Jahren um rund 200 Millionen gesunken) noch ein langer Weg bis „Zero Hunger" ist.

---

[26] Interview mit Bernhard Kowatsch, Leiter WFP Innovation Accelerator & Sandra Ertel, Projektleiterin WFP Innovation Accelerator & Jordi Renart, Head of Programme in Beirut, Libanon & Sebastian Stricker, Mitgründer und Leiter ShareTheMeal

Um das ehrgeizige Ziel der Hungerbekämpfung bis 2030 zu erreichen, müssen neue Ansätze und Lösungswege gefunden werden.

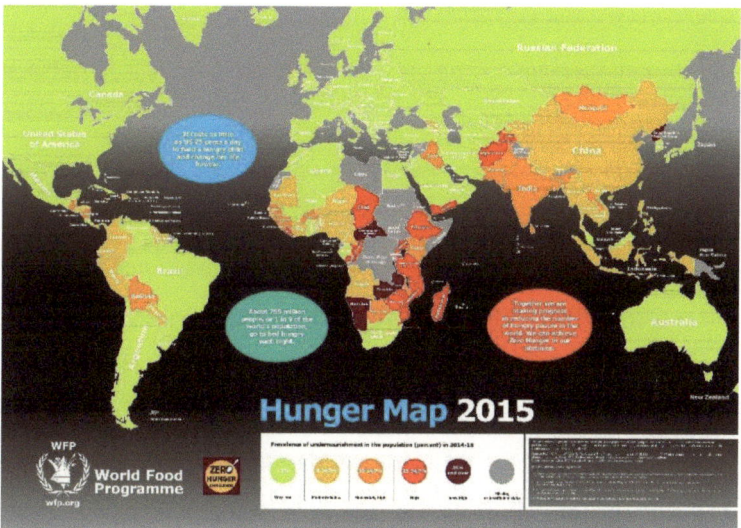

Abbildung 13: Hunger Map
Quelle: (World Food Programme , Hunger Map 2015)

Unter dem **Motto** Innovation für eine Welt ohne Hunger **hat das UN World Food Programme Mitte 2016 den Innovation Accelerator in München eröffnet um neue Lösungen gegen den Hunger zu entwickeln. „Der Accelerator – ein Instrument der Start-up-Szene – soll kreative neue Werkzeuge identifizieren und fördern, um effektiver in humanitären Krisen zu helfen und die Nachhaltigen Entwicklungsziele [SDGs] bis 2030 zu erreichen" (World Food Programme , Aktuelles 2016).**

Der Leiter der neuen Denkfabrik Bernhard Kowatsch berichtet im Interview von der Entstehung des WFP Innovation Accelerators. Dabei wurden vorab unzählige Interviews sowohl intern als auch extern (u.a. mit Apple, Google, Nike) geführt und Benchmarking-Studien zu Innovationseinrichtungen erstellt (z. B. Innovation Lab vs. Incubator vs. Startup Accelerator etc.), um herauszufinden wie und wo Innovationen beim WFP am besten gefördert werden können. WFP hat sich schließlich für den Accelerator Ansatz entschieden, da es beim Accelerator darum geht, innovative Mitarbeit zu unterstützen und Ideen voranzutreiben (großer Unterschied zum Lab in dem physisch etwas entwickelt wird). Die Grundlage dafür ist eine offene und innovative Organisation und Mitarbeiter, die offen für neue Arbeitsweisen sind – all dies treffe laut Bernhard Kowatsch auf das World Food Programme zu.

Am Standort München vernetzt das Innovationszentrum nun WFP-Mitarbeiter mit Experten aus Forschungseinrichtungen und Universitäten, aber auch mit Unternehmern der Privatwirtschaft und Zivilgesellschaft aus der ganzen Welt, um Lösungsansätze zu verfeinern, Prototypen zu entwickeln und zu testen und die Verbreitung von erfolgreichen Ideen zu beschleunigen (Interview mit Bernhard Kowatsch). Ausgewählte Teams arbeiten für einen Zeitraum von drei bis sechs Monaten an Projekten, welche die Helfer selbst oder externe Ideengeber eingereicht haben. Der Accelerator unterstützt dabei die Ideen von der Inspiration bis zur Implementierung und bietet finanzielle Unterstützung, Know-how und Mentoring an.

Im ersten Schritt durchlaufen die Projektteams in 3 bis 10 Tagen ein sogenanntes „Bootcamp", in dem Innovationsexperten den Teams helfen tiefer in das Problem einzutauchen, Lösungen zu entwickeln und Projektpläne zu verfeinern. Dabei werden Innovations-techniken wie z. B. Human-Centered Design und Lean Startup mit langjähriger WFP Erfahrung und praktischen Wissen kombiniert.

Abbildung 14: „The Innovation Accelerator is a place where you can be bold, and fail as well as succeed"

Quelle: (World Food Programme , Aktuelles 2016)

Das „Sprint-Programm", im nächsten Schritt ist ein intensives 3- bis 6-monatiges Programm, das Projekte und Start-ups bei der Konzeption und / oder Entwicklung von Prototypen unterstützt. Teams erhalten finanzielle Unterstützung, Zugang zum weltweiten WFP-Netzwerk und Räumlichkeiten, um ihre Idee zum Leben zu erwecken.

„Der Innovation Accelerator wird dazu beitragen, neue Technologien oder Geschäftsmodelle zum Wohle von Menschen in Not zu entwickeln", sagte Frank-Walter Steinmeier bei der offiziellen Eröffnung (Tischer 2016).

Bernhard Kowatsch unterstreicht die Wichtigkeit neuer Technologien und Geschäftsmodellen im Kampf gegen den Hunger. Dabei seien in der Vergangenheit viele gute Ideen einfach verpufft, weil sie nicht konsequent weiterentwickelt wurden. Das soll sich in München ändern, deshalb werden bereits über 20 Projekte in verschiedenen Ländern u.a. Libanon, Kambodscha, Südsudan, Guatemala, Peru finanziell gefördert und mit Knowhow unterstützt.

Eine bereits mehrfach ausgezeichnete Innovation ist die Smartphone App „ShareTheMeal", eine Initiative des UN World Food Programme unterstützt vom WFP Innovation Accelerator. Die weltweit erste App gegen den globalen Hunger. Der App-Nutzer kann dabei mit wenigen Klicks Geld spenden. Für 40 Eurocent können Mahlzeiten mit Schulkindern in Entwicklungsländern „geteilt" und die Kinder somit für einen Tag ernährt werden. Derzeit werden Kinder, die von der Gewalt Boko Harams in Kamerun betroffen sind, mit Schulmahlzeiten versorgt. Seit der Gründung 2014 wurden schon über 10 Millionen Mahlzeiten geteilt.

Abbildung 15: ShareTheMeal App
Quelle: (ShareTheMeal 2016)

Sebastian Stricker (Mitgründer ShareTheMeal) erzählte im Interview, dass die App als klassische Startup Idee geboren wurde. Als er und sein Mitgründer Bernhard Kowatsch verstanden, „dass es 20-mal so viele Smartphone-User wie hungernde Kinder gibt, war die Idee für die App geboren". Laut ShareTheMeal läutet die App ein neues Zeitalter im Kampf gegen den Hunger ein und macht deutlich wie digitale Technik neue Chancen für die sogenannte Dritte Welt bietet. Sebastian Stricker und sein Team sehen im Kernkonzept der App großes Potenzial auch für andere Bereiche beim WFP wie zum Beispiel der Kommunikationsabteilung (Stichwort: Skalierbarkeit). In Zukunft wollen sie dafür noch enger mit dem WFP zusammenarbeiten, um so Synergien mit der Organisation zu nutzen.

Für Bernhard Kowatsch, Innovationsexperte und langjähriger UN Mitarbeiter sind viele Bereiche und Sektoren auf der Suche nach neuen innovativen Ansätzen und Geschäftsmodellen, nicht nur der humanitäre Sektor. Die humanitären Organisationen sind dabei neue

Wege zu gehen und Innovation ist einer davon. Allerdings gibt es laut Bernhard Kowatsch viele Hürden, die es anderswo so nicht gibt und die die Umsetzung erschweren. Dabei nennen er und Jordi Renart Abteilungsleiter im WFP Landesbüro im Libanon, die folgenden Punkte:

- Neuerungen und neue Wege bedeuten Risiko. Das Risiko des Misserfolgs (z. B. Ernteausfall) wollen Geldgeber und können Bedürftige häufig nicht tragen.

- Ohne die finanzielle Unterstützung von Regierungen und Unternehmen lassen sich Innovationsthemen nicht umsetzen (finanzielle Abhängigkeit).

- Das richtige Timing für Innovationsprojekte ist im humanitären Bereich schwerer zu finden als im privaten Sektor, da lokale Bedingungen oft unbekannt sind.

- Erschwerte Bedingungen auf Grund fehlender Infrastruktur (Elektrizität, Telekommunikation, etc.) und Bildung vor Ort sowie Skepsis vor neuen Arbeitsabläufen und Technologien.

Bernhard Kowatsch und Sebastian Stricker sind überzeugt von Innovationsmethoden aus dem privaten Sektor und verwenden Lean Startup, Human-Centered Design und Design Thinking Ansätze um die Risiken eines Misserfolgs zu minimieren. Des Weiteren kennen die WFP Mitarbeiter die Bedingungen vor Ort und haben in der Regel Zugang zur lokalen Bevölkerung mit deren Hilfe an Neuerungen gearbeitet, getestet, Nutzer interviewt und Produkte verbessert werden können.

Eine weitere Erfolgsgeschichte aus der Denkfabrik in München ist das „Zero Post Harvest Losses" Projekt in Uganda, Somalia und Ruanda. Das Projekt unterstützt Kleinbauern beim Kauf von lokal produzierten Silos und mit speziellen Ausbildungen und Schulungen, um Ernteverluste auf null zu reduzieren. Laut der Projektleiterin, Sandra Ertel, wurden in der Vergangenheit bis zu 40 Prozent der Ernten auf Grund von falscher Lagerung zerstört, das soll sich mit Hilfe von Silos, die wie eine Art Kühlschrank funktionieren, ändern. Bisher hat das Projekt allein in Uganda mehr als 65.000 Silos an Kleinbauern verkauft.

Im Pilotprojekt „digital work" im Libanon werden Flüchtlingen vor allem aus Syrien und Irak als auch Libanesen in einem sechswöchigen Workshop Computerkenntnisse beigebracht, um sie im nächsten Schritt an Unternehmen zu vermitteln, die einfache digitale Arbeiten auslagern (engl. impact sourcing). Die Projektleiterin Sandra Ertel spricht im Interview von einem holprigen Projektstart mit vielen Unbekannten und der Devise „wie probieren einfach mal". Mit Hilfe von Partnern vor Ort (u.a. der Amerikanischen Universität in Beirut und der amerikanischen Non-Profit-Organisation Samasource) wurden 2016 bereits 150 Teilnehmer ausgebildet und 2017 sollen bis zu 1000 Teilnehmer den Englischunterricht und die IT Aus- und Weiterbildung besuchen. Falls sich allerdings die libanesische Regierung weiterhin gegen die Einstellung von Flüchtlingen in den libanesischen Arbeitsmarkt wehrt, folgt eine Projektverlegung in den Irak oder nach Jordanien.

Für Jordi Renart, bedeutet Innovation, die Verbesserung von Arbeitsabläufen, Prozessen, Systemen und Produkten. Bei Innovationsprojekten im Libanon spielen neue Technologien vor allem eine unterstützende Rolle. Dabei setzt er auf Partnerschaften mit dem privaten Sektor und mit der Regierung, wobei er auf exakt festgelegte Arbeitsanweisungen und klare Strukturen innerhalb des Projekts hinweist.

Sebastian Stricker und Jordi Renart sind sich einig, Innovationen genießen momentan sowohl im humanitären Bereich als auch intern beim WFP größte Aufmerksamkeit. Die Organisation an sich als auch die einzelnen Führungskräfte müssten dennoch Innovationsprojekte verstärkt mit Zeit, Geld und Kommunikation (intern und extern) unterstützen. Nur so können Innovationsthemen auch in Zukunft erfolgreich sein und auch skeptische bzw. kritische Mitarbeiter überzeugt werden.

5.3   UNDP Innovation[27]

„To contribute to sustainable and equitable development, the UN system must continue to invest in innovation in its programing and in its ways of working."

Helen Clark, UNDP Executive Director (UNDP 2016)

Das Entwicklungsprogramm der Vereinten Nationen (engl. United Nations Development Programme, kurz UNDP) mit Sitz in New York City, ist die zentrale Organisation der UN-Entwicklungsfonds und – programme und hat eine Schlüsselrolle bei der Umsetzung der

---

[27] Interview mit Benjamin Kumpf, Spezialist für Innovation im UNDP-Büro für Politik und Programmunterstützung und Projektleiter von UNDP's Innovationsabteilung

Sustainable Development Goals. „UNDP unterstützt Partnerländer mit Politikberatung [...] in den Bereichen demokratische Regierungsführung, Armutsbekämpfung, Krisenvorsorge und Konflikt-bewältigung, Energie und Umwelt sowie HIV/AIDS" (BMZ 2016). Darüber hinaus veröffentlicht UNDP jährlich den Bericht über die menschliche Entwicklung (Human Development Report) und ist zuständig für die Koordination der UN-Entwicklungsaktivitäten in den jeweiligen Ländern.

Im Jahr 2014 hat UNDP eine Innovationsabteilung (UNDP Innovation Facility) eröffnet, um Entwicklungsmöglichkeiten zu verbessern und nationale Regierungen und Bürgern bei der Bewältigung komplexer Herausforderungen zu unterstützen. Hierfür werden vielversprechende Konzepte, Ansätze, Partnerschaften und neue Technologien mit unterschiedlichen Innovationsmethoden vor Ort getestet, Rückschlüsse gezogen, Lösungen entwickelt und wenn möglich national skaliert und an andere Kontexte angepasst. In 2015 wurden so 62 Projekte in 45 Länder mit Startkapital (bis maximal 6000 US Dollar) gefördert und weitere Projekte in 25 Ländern mit technischer Hilfe unterstützt.

UNDP Innovation Facility besteht aus einem interdisziplinären Team mit Sitz in Addis Abeba, Amman, Bangkok, Istanbul, New York und Panama, die mit der Unterstützung von UNDP und Partnern, damit beauftragt sind, innovative Geschäftsmodelle zu identifizieren, zu testen und am Ende zu skalieren. Um diverse Akteure zusammenzubringen gibt es 12 Innovationslabore in 5 Regionen, die in Partnerschaft mit Regierungen und UNDP Landesbüros als auch mit dem privaten Sektor (u.a. mit Microsoft, Vodafon und Google) und lokalen Hochschulen neue Lösungswege entwickeln.

Für Benjamin Kumpf, UNDP Innovationsspezialist bedeutet Innovation im Entwicklungskontext, „effektivere Lösungen zu finden, die den Menschen und Regierungen, die von Entwicklungsproblemen betroffen sind, einen Mehrwert bieten". Im „Start-up Stil neue Wege gehen" lautet dabei die Devise des Experten (Interview mit Benjamin Kumpf). Dabei erforscht er Themen wie verhaltensökonomische Erkenntnisse, Human-Centered Design, Big Data[28] und andere praktische Möglichkeiten, um auf die Komplexität in der Entwicklungsarbeit zu reagieren.

Im Interview gibt Benjamin Kumpf einen Überblick über verschiedene UNDP Projekte unter dem Einsatz von neuen Technologien. Dabei reichen die Themen von Big Data Analysen für Transparenz und Katastrophenvorsorge im Kosovo, Crowdfunding für Energie und Klimawandel in Kroatien, Virtual Reality Filme über das Erdbeben in Nepal und mobiles Lernen in Bangladesch.

Im Sudan werden mit Hilfe von Datenauswertungen zum Stromverbrauch (Satellitenbilder von nächtlichen Lichtern) und Mobilfunkdaten Annahmen über die Armutsquote pro Haushalt getroffen. Das hilft den UN Organisationen und Regierungen bei der Hilfe für die,

---

[28] Big Data ist die Verarbeitung von großen, komplexen und sich schnell ändernden Datenmengen mit denen im humanitären Bereich Analysen und Prognosen getroffen werden können.

die es am dringendsten benötigen. In Serbien findet aktuell ein Block-chain[29] Experiment zur Essensausgabe und Flüchtlingsmanagement statt. Des Weiteren gibt es Drohnenexperimente zum Thema Rodungen in Kolumbien, zur Landwirtschaft in Mazedonien und in Indonesien wird mit Infrarotkameras die Reisqualität gemessen und die Daten inklusive Tipps zum Säen und Düngen an die Bauern geschickt.

Trotz der großen Fortschritte die bereits in Sachen „innovation" in der humanitären Arbeit erzielt wurden, muss noch viel passieren um die Global Goals bis 2030 zu erreichen. Im Interview erzählt Benjamin Kumpf, dass einerseits noch schneller experimentiert und Rückschlüsse daraus gezogen werden müssen und andererseits schneller Feedback vor Ort eingeholt werden muss (Stichwort Feedbackschleifen). Nur so lasse sich nämlich überprüfen, ob die Entwicklung erfolgreich war. Häufig endet der Innovationsprozess nach der Einführung vor Ort ohne zu wissen was damit in Zukunft geschieht.

Eine weitere Hürde sieht er im Finanzierungsabkommen mit den Geldgebern. Die Abkommen sind bisher noch zu starr an Ergebnisse und Zeit geknüpft. In Zukunft müsse es einen gewissen Prozentsatz geben, der den Organisationen z. B. für Innovationen frei zur Verfügung stehe. In Innovations- und Entwicklungsbereichen kann nicht detailliert langfristig geplant werden. Es sollte einen flexiblen Rahmen geben, der genügend Zeit und Geld für Kreativität, Entwicklung, Testen, Pivots (Kursänderungen) und Einführung gibt. Nur so lassen

---

[29] Eine Blockchain (Blockkette) ist eine dezentrale Datenbank, bestehend aus einer Kette aus Datensätzen/ Transaktionen die fortlaufend erweitert wird. Eine Kopie der Datensätze wird dabei auf allen beteiligten Computern, die an dem Netzwerk angeschlossen sind, gespeichert. Die verschlüsselten Daten sind somit unlöschbar und fälschungssicher. Eine zentrale Autorität ist demnach nicht notwendig.

sich Innovationsprozesse langfristig in die humanitären Strukturen verankern.

5.4 Global Humanitarian Lab[30]

Das Global Humanitarian Lab (GHL) ist eine Partnerschaft führender humanitärer Organisationen, dem privaten und öffentlichen Sektor, Universitäten und sozialen Unternehmern, die zusammenkommen, um gemeinsam an globalen Herausforderungen zu arbeiten. GHL wurde Anfang 2016 beim Humanitarian Summit in Istanbul gegründet, um komplexe Probleme gemeinsam anzugehen und zu lösen (Stichwort: Synergieeffekt). Um effiziente und nachhaltige Lösungen zu schaffen, soll unter Nutzung der bewährten Praktiken des Privatsektors Innovation gefördert, Ressourcen optimiert und Doppelarbeit verringert werden. Die Kernbereiche sind dabei Industrie 4.0, digitale Fertigung (engl. digital fabrication), Big Data, Erneuerbare Energien, Gesundheit, Robotik, Hygiene, Behausung und Wasser.

David Ott, einer der Gründerväter von GHL, bescheinigt der digitalen Fertigung und dem Crowdsourcing[31], zur Förderung von Innovationen im humanitären Bereich, riesiges Potential.

---

[30] Interview mit Olivier Delarue, Vorsitzender des Global Humanitarian Lab (GHL) in Genf.

[31] Crowdsourcing (oder auch Intelligenz der Masse) bezeichnet die Auslagerung von Aufgaben oder Projekten an eine Gruppe freiwilliger Teilnehmer. Zudem bezeichnet der Begriff auch das Sammeln von Ideen und Rückmeldungen von der Öffentlichkeit.

GHL ist ein Netzwerk von Netzwerken und fungiert sowohl als In-kubator (Ideenentwicklung) und FabLab[32] (**Entwicklungswerkstatt**) als auch als Accelerator (Innovationsbeschleuniger) das freies Experi-mentieren und Lernen ermöglicht. Das Global Humanitarian Lab ist auch ein Motor, um Innovationen im humanitären Sektor zu stimu-lieren, indem Innovationen aus den organisatorischen Grenzen in ein offenes Innovationsökosystem transferiert werden. Schnelle Entwicklungstechniken **von Musterbauteilen** (engl. rapid prototyping) ermöglichen es, je nach Komplexität, Ideen innerhalb von Minuten, Stunden oder Tagen in konkrete Lösungen umzuwandeln. Im Mittelpunkt stehen dabei die betroffenen Menschen, die sowohl an der Konzeption und Erprobung der Lösungen entscheidend mitwirken als auch für die Umsetzung verantwortlich sind („Do-it-yourself Konzept"). Der Fortschritt der Informationskommunikation ermöglicht die Zusammenarbeit von Menschen auf der ganzen Welt, ungeachtet ihrer geographischen Lage, in Echtzeit. Neue Kooperationsmodelle bieten dabei neue Ansätze zur Bewältigung humanitärer und innovativer Herausforderungen. Und was, wenn die betroffenen Gemeinschaften in der Lage wären, eigene Lösungen zu entwerfen und zu fertigen?

---

[32] Ein FabLab (engl. fabrication laboratory – Fabrikationslabor) oder Makerspace, ist eine offene Entwicklungswerkstatt. Hier werden High-Tech Werkzeuge wie 3D Dru-cker, Lasercutter, CNC Maschinen, CAD Software, aber auch Handwerkzeug und Holz-bearbeitungsmaschinen, die man zum Erfinden braucht, zur Verfügung gestellt. Zudem sind FabLabs kreative Räumlichkeiten für Designaktivitäten, Hackathons und Makea-thons (interaktive Veranstaltungen, bei denen die Teilnehmer in kurzer Zeit gemein-sam Software, Hardware oder andere einzigartige Produkte entwickeln).

Neben den Gründungsmitgliedern ICRC, UNHCR, Handicap International, Terre des Hommes und dem World Food Programme wird die Initiative von privaten Einrichtungen wie den Stiftungen von IKEA, UPS oder Vodafone, unzähligen akademischen Einrichtungen, weiteren humanitäre Organisationen, darunter Médecins Sans Frontières, Startup- und Tech-Communities als auch von verschiedenen Regierungen unterstützt.

Für Olivier Delarue, Vorsitzender von GHL und ehemaliger Innovationsleiter bei UNHCR, bedeutet Innovation: „A change to add value", also eine Veränderung um Mehrwert zu generieren. Weiter erzählt er im Interview, dass für ihn Innovation ein kontinuierlicher Prozess darstellt, der mit Hilfe der Versuch-und-Irrtum-Methode zu kontinuierlicher Verbesserung führt. Durch die digitale Revolution (u.a. Fortschritt bei der Energieversorgung und Internetzugang) sollen die Bedürftigen sowohl mit Hilfe von Bottom-Up Innovationen und Human-Centered Design Ansätzen (also die nutzerorientierte Gestaltung) als auch mit lokalem Wissen befähigt werden zukünftig ihre eigenen Probleme zu lösen. Diese Ansätze sollten in humanitären Kontexten weiter verstärkt werden, sagt Olivier Delarue. Die betroffenen Nutzer haben einen hohen Innovationsanreiz, haben das beste Verständnis für die lokalen Herausforderungen und haben eine starke Innovationsmotivation.

Laut dem Vorsitzenden von GHL entstehen durch die neuen Technologien unglaubliche Chancen im humanitären Sektor. Dabei sind die Möglichkeiten von 3D-Drucktechniken um beispielsweise tempo-

räre Gebäude nach einem Erdbeben zu bauen über Drohnen zur Auslieferungen von Medikamenten, die Optimierung der Lieferketten,
VR Software, Smart-Home Technik bis zu tragbaren Technologien für
die Fernüberwachung und die Echtzeitübermittlung von Gesundheitsdaten nahezu endlos.

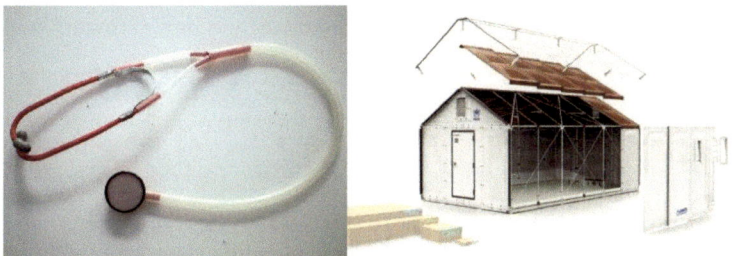

Abbildung 16: GHL
Projekte (abgebildet ein Stethoskop aus dem 3D-Drucker & Better Shelter)
Quelle: (Global Humanitarian Lab 2016, 11; 14)

Es wurden bereits über 30 Projekte identifiziert, an denen gemeinsam gearbeitet werden soll. Beispielsweise wurde ein voll funktions-
fähiges Stethoskop aus wenigen 3D–Druckteilen entwickelt. Die kom-
plette Fertigung des Stethoskops kostet weniger als 5 US Dollar und
ist deshalb ein willkommenes Werkzeug für Ärzte in armen Teilen der
Welt. Ziel ist eine „do it yourself" Herstellung vor Ort.

Des Weiteren bemühte sich der humanitäre Sektor seit Jahrzehnten Notunterkünfte zu verbessern. Das Projekt „Better Shelter" von
UNHCR und der IKEA Stiftung schaffte es nun sichere und menschen-
würdige Unterkünfte zu bauen, die nachhaltig, einfach zu montieren
und kosteneffizient in der Entwicklung sind. Weiter wird gemeinsam
an einem Open-Source-Frühwarnsystem und an „m health" gearbei-

tet. Bei letzterem Projekt von Terre Des Hommes geht es um die Entwicklung von Gesundheitstechnologien für Kinder in Burkina Faso. Alle drei Projekte sollen in der nächsten Phase mit Hilfe von GHL skaliert werden, um so eine flächendeckende Nutzung zu ermöglichen.

Einen großen Nachteil und Nachholbedarf gegenüber anderen Branchen sieht Olivier Delarue allerdings noch in den geringen Ausgaben für Innovationen. Im humanitären Bereich liegen die Innovationsausgaben bei 0,01% der jährlichen Gesamtausgaben (zum Vergleich: 0,1% in der Korkindustrie, +15% im Technologiebereich). Deutlich zu wenig um wesentliche Fortschritte bei der Armuts- und Hungerbekämpfung zu machen.

5.5 Singularity University & United Nations Secretariat[33]

Think Big ist das Motto der amerikanischen Singularity University, dem Think Tank (Denkfabrik) aus dem Sillcon Valley in Kalifornien. Die Denkfabrik bietet neben Bildungsprogrammen und einer weltweiten Veranstaltungsreihe mit Schwerpunkt auf „bahnbrechenden Technologien" und deren Auswirkungen auf Bereiche wie Finanzen, Medizin und Fertigung auch Innovationslabore und Gründerzentren (engl. business incubator). **Die globale Gemeinschaft nutzt Wissenschaft und exponentielle Technologien zur Bewältigung der weltweit größten Herausforderungen.** Gründungspartner und Sponsoren sind

---

[33] Interview mit Brent Dixon, Gründer, Designer, Lehrbeauftragter der Singularity University und Innovationsspezialist im UN Büro für Informations- und Kommunikationstechnologie (UN-Secretariat) und UN Non-Governmental Liaison Service. Die Interviewfragen beziehen sich hauptsächlich auf seine Zeit bei der UN und Singularity University.

u.a. Google, Nokia, IDEO, LinkedIn, SAP, Deloitte und Genentech. Die Lern- und Innovationsplattform ermöglicht es, Einzelpersonen und Organisationen mit der Denkweise, dem Know-how und dem Netzwerk, bahnbrechende Lösungen zu entwickeln, um Technologien wie künstliche Intelligenz, Robotik, Nano- und Informationstechnologie und digitale Biologie zu nutzen. Dabei setzt die Gemeinschaft auf Unternehmer, Unternehmen, Entwicklungsorganisationen, Regierungen, Investoren und akademische Institutionen.

In den Innovationslaboren können 3D-Drucker und Scanner, Roboter, Virtual Reality Brillen, Drohnen und eine breite Palette an Software- und Prototypenwerkzeugen erforscht und getestet werden, um so innovative Lösungen zu finden, die sich positiv auf Milliarden von Leben auswirken können. Das Ziel der kalifornischen Denkfabrik lautet, die Menschheit auf den immer schneller werdenden Wandel vorbereiten.

Abbildung 17: Roboter im Singularity Innovation Lab
Quelle: (Singularity University , Welcome to Singularity University Labs 2016)

Am World Economic Forum im Januar 2017 kündigte die Singularity University und das UN World Food Programme eine Partnerschaft an, um gemeinsam neue Wege, revolutionäre Innovationen („moonshot innovation") und soziales Unternehmertum für die Hungerbekämpfung in Entwicklungsgebieten der Welt zu identifizieren und zu nutzen (Singularity University , Food in Emergencies, a Global Impact Challenge 2017). Die zwei Gewinner dürfen an einem Bootcamp beim WFP Innovation Accelerator in München teilnehmen plus die Teilnahme an dem renommierten „Global Solutions Program" der Singularity University.

Das United Nations Office of Information and Communications Technology ist derweil für die strategische Ausrichtung der Informations- und Kommunikationstechnologie der UN verantwortlich. Das Büro gehört zum UN-Sekretariat, (englisch United Nations Secretariat) dem Verwaltungsorgan der Vereinten Nationen. Im Jahr 2015 wurde dort die Technologie- und Innovationsabteilung (kurz Unite Labs) gegründet. Die Unite Labs fördern Innovationen, in dem die UN Mitarbeiter mit Hilfe von finanziellen Mitteln, Ideen und externen Partnern an Lösungen für komplexe globale Herausforderungen arbeiten. Die Innovationslabore bieten Raum für Experimente, Zusammenarbeit und Austausch, technologisches Denken und Innovationen. Die Crowdsourcing Plattform unterstützt dabei den Ideenaustausch und die Zusammenarbeit mit Hochschulen und der Zivilgesellschaft. Moderne Informations- und Kommunikationstechnologien einschließlich sozialer Medien, Big Data und Analysen, intelligente

Systeme und vernetzte Geräte sollen dabei die Menschen in aller Welt dazu befähigen, die globalen Ziele voranzutreiben.

Der Gründer, Entwickler und UN Innovationsexperte, Brent Dixon, unterstreicht im Interview die enormen Anstrengungen, die im UN System gerade gemacht werden, um innovative Techniken, Abteilungen, Prozesse, Ideen, Produkte oder Dienstleistungen zu schaffen und umzusetzen. Nicht nur die UN Organisationen, auch viele NGOs und Regierungen haben erkannt, dass es für eine gerechtere Welt neue innovative Ansätze und Lösungswege benötigt. Neue Technologien und die Intelligenz der Masse (engl. „crowd"), also die drastische Vergrößerung der Anzahl der Menschen, die sich mit einer Problemstellung befassen und bestenfalls zur Lösungsfindung beitragen, spielen dabei eine entscheidende Rolle (Interview mit Brent Dixon).

Innovationsmethoden aus dem privaten Sektor helfen bei der Umsetzung der neuen innovativen Denkweisen, müssen allerdings an das humanitäre System angepasst werden. Die Einzigartigkeit des humanitären Sektors spiegelt sich auch im Innovationsprozess wieder, so steht der Nutzer noch mehr im Mittelpunkt des Entwicklungsprozesses als in anderen Bereichen. Denn eine Fehlentwicklung kann schnell zu beispielsweise Ernteausfällen führen und zu einem Kampf um Leben und Tod werden. Die nutzenorientierte Gestaltung (Human-Centered Design) nennt er dabei als zentralen Punkt. Weiter stellt er die Wichtigkeit von Partnerschaften und Kooperationen mit dem privaten Sektor heraus. Denn nur gemeinsam lassen sich die globalen Herausforderungen lösen.

Im folgenden Abschnitt werden nun die wichtigsten Erkenntnisse aus den Interviews in Form von Handlungsempfehlungen für humanitäre Innovationseinrichtungen dargestellt.

6 Erfolgsfaktoren für humanitäre Innovationen

Das nachfolgende Kapitel verbindet die Erkenntnisse aus dem theoretischen Teil mit den Ergebnissen aus dem praktischen Abschnitt.

Die aufgeführten Faktoren befassen sich mit den spezifischen Herausforderungen der Innovationen im humanitären System und greifen dabei auf die gewonnenen Erkenntnisse der interviewten Innovationsspezialisten und Projektleiter (Kapital 5) zurück und werden um weitere Erfolgskriterien aus der Theorie ergänzt (Kapitel 2 und 4).

Die folgenden Ansätze und Aktivitäten sind nicht als harte und steife Regeln zu sehen, sondern als Best-Practice-Richtlinien, um den Aufbau eines offenen Innovationsökosystems zu fördern und neue Lösungsansätze weiter voranzutreiben.

In der folgenden Abbildung sind die Erfolgsfaktoren für humanitäre Innovationen dargestellt. Die Forschungsarbeit identifiziert vier Einflussfaktoren mit jeweils 3 Schlüsselaktivitäten, für einen erfolgreichen Innovationsprozess:

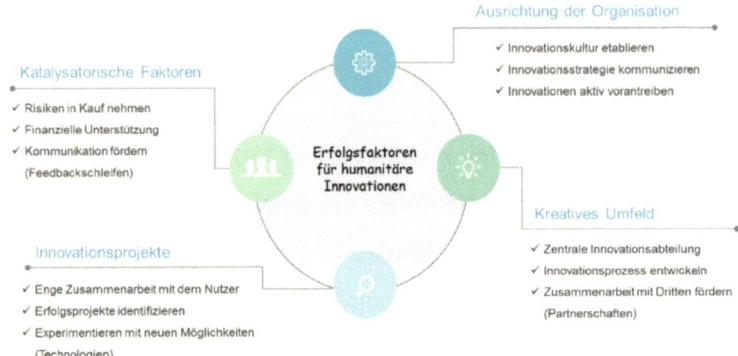

Abbildung 18: Schlüsselaktivitäten für einen erfolgreichen Innovationsprozess

Quelle: Eigene Darstellung

Nachfolgend werden die einzelnen Schlüsselaktivitäten für ein erfolgreiches Innovationsmanagement detailliert vorgestellt.

6.1 Ausrichtung der Organisation

Innovationen sind das Fundament für eine erfolgreiche Zukunft. Das haben bereits viele humanitäre Organisationen erkannt und versuchen deshalb eine positive **Innovationskultur in der Organisation** zu **verankern**. Das Ziel ist die Etablierung einer innovationsförderlichen Organisationskultur. Dabei sollten sowohl Manager und Führungskräfte als auch Mitarbeiter eine positive Einstellung gegenüber neuen Lösungsansätzen und Innovationen entwickeln.

Die Organisationskultur spielt eine wichtige Rolle bei der Festlegung von Rahmenbedingungen, die innovative Ideen und Praktiken entweder ersticken oder unterstützen. Innovationen sollten als Teil der Arbeit aller humanitären Organisationen in einer Kultur der Anpassung, Veränderung und ständigen Verbesserung gefördert werden. Ein solcher kultureller Wandel ist vor allem in großen Organisationen eine Herausforderung.

Der Innovationsgedanke kann jedoch durch Veränderungen der Anreize und Praktiken gefördert werden. Dabei wurden sowohl in der Theorie als auch in den Experteninterviews die folgenden Erfolgsrezepte genannt:

- Eine innovationsfördernde Organisationsleitung, die als Promotor für Innovation agiert und Innovationsthemen aktiv vorantreibt.

- Führungskräfte und Länderbüros (engl. country office), die Innovations-projekte intensiv fördern und unterstützen.

- Mitarbeiter, die Ideen einbringen, offen für Neuerungen sind und eigene Innovationsthemen aktiv anstoßen und forcieren.

- Ein positives Innovationsklima, das Kreativität, Leidenschaft, Lernwillen und Dynamik als Schlüssel für innovative Ideen fördert.

- Möglichkeiten, um kreativ zu reflektieren und interdisziplinären Austausch, mit Hilfe flacher Hierarchien, bereichsübergreifender Zusammenarbeit, schnellen Entscheidungen und informellen Strukturen fördert.

- Ein Zusammenführen von Mitarbeitern aus dem Feld (engl. field staff) mit der Innovationsabteilung und weiteren externen Partnern, um Probleme anzugehen und gemeinsame Lösungsansätze zu entwickeln.

- Eine vorübergehende Überlassung bzw. Entsendung von Mitarbeitern aus dem Feld um eine intensive Projektarbeit zu ermöglichen.

- Experimente und frühe Fehler innerhalb eines bestimmten Rahmens eher ermutigen als bestrafen - Innovation bedeuten Risikobereitschaft und Ungewissheit.

- Einen transparenten Innovationsprozess schaffen und Innovationsthemen mit offener Kommunikation unterstützen.

Eine **visionäre Organisationsstrategie** ist dabei die Grundlage für eine offene Innovationskultur und eine klare Signalwirkung für Mitarbeiter und Führungskräfte. Die internen Organisationsleitlinien, Strukturen und Werte sollten ebenfalls Kreativität und Innovationen fördern. Mutige Innovationsziele können zusätzlich innovatives Denken anregen und zum Querdenken ermutigen. Die Ausrichtung und Innovationsstrategie sollte jeder in der Organisation kennen und verinnerlicht haben. Als Best-Practice-Beispiel sind hier das World Food Programme und UNICEF hervorzuheben, die Innovation zu einer Priorität in ihren jeweiligen Strategieausrichtungen gemacht haben (UNICEF, Strategic Plan 2014-2017 2014, WFP, WFP Strategic Plan 2017-2021 2016).

Des Weiteren ermöglichen sowohl regelmäßige Veranstaltungen und Workshops zum Thema Innovationen, als auch eine klare Kommunikationsstrategie das **Innovationspotential** in der Organisation **anzuregen und freizusetzen**. Damit Innovation innerhalb der Organisation zum Selbstverständnis wird, können Innovationswettbewerbe und Innovationspreise Mitarbeiter anreizen sich aktiv mit neuen

Ideen auseinanderzusetzen und eigene Verbesserungsvorschläge einzubringen. Als Teil der neuen Innovationskultur ist es wichtig, dass sowohl das Management als auch Führungskräfte engagierte Mitarbeiter aktiv fördern (finanzielle Mittel), unterstützen (Freiraum, Kapazität) und belohnen (Anerkennung).

6.2 Kreatives Umfeld

In den vergangenen Jahren wurden vermehrt **Innovations- und Changemanagement Abteilungen** in humanitären Organisationen eingerichtet, um Veränderungen zu bewältigen und Innovationen innerhalb der Organisation strukturiert zu fördern. Instrumente und Methoden aus der Start-up-Szene sollen dabei helfen, neue Lösungen und Ideen im Kampf gegen komplexe Herausforderungen zu identifizieren und entwickeln. In den neuen Innovationseinrichtungen werden vielversprechende Konzepte entwickelt, neue Technologien und Medien getestet und mit Hilfe der Nutzer vor Ort geprüft und umgesetzt.

„Think outside the box", also über bisherige Grenzen hinausdenken, ist das Motto der Innovationsabteilungen, die mit Hilfe kreativer Räumlichkeiten und Experten die Innovationsfähigkeit der Mitarbeiter steigern wollen. Die Innovationsräume können Barrieren auf verschiedenen Stufen des Innovationsprozesses überwinden, indem sowohl Ressourcen, Finanzierung und Kompetenzen als auch eine Umgebung zum Entwickeln und Testen bereitgestellt werden. Die Experten sind sich einig, dass Kreativ- und Innovationslabore, Inkubatoren und Innovation Accelerators freies Experimentieren und Lernen fördern und zu einem nachhaltigen Innovationsklima beitragen.

Die Projekte und Mitarbeiter erhalten dabei wichtige finanzielle Unterstützung, strategische Beratung und Zugang zu einem globalen Netzwerk von Experten und Partnern.

Die neuen Innovationsräume schaffen eine Start-up Kultur innerhalb der Organisation, in denen der **Innovationsprozess** mit all seinen Phasen strukturiert organisiert werden kann. Im Innovationsprozess geht es darum neue Ideen oder Erkenntnisse in marktfähige Problemlösungen zu verwandeln. Dabei arbeiten Menschen unterschiedlicher Disziplinen in einem kreativen Arbeitsumfeld zusammen, um gemeinsam Probleme zu identifizieren und Lösungsansätze zu entwickeln. Mit Hilfe von agilen Entwicklungsmethoden werden hier schnell und kostengünstig Ideen entwickelt und unter Einführung eines Minimum Viable Products (siehe Kapitel 2.2.3) am Markt getestet. Dabei ist es wichtig, schnell und frühzeitig zu experimentieren, Feedback einzuholen, um so Fehler frühzeitig zu erkennen aus ihnen zu lernen.

Die Experten unterstreichen die Wichtigkeit eines strukturierten Innovationsprozesses, die intensive Zusammenarbeit mit dem Endnutzer (der Nutzer steht im Mittelpunkt des Entwicklungsprozesses) und ständige Feedbackschleifen mit allen Beteiligten. Um die genannten Ziele zu erreichen, setzen die Innovationsspezialisten in der Praxis auf die in Kapitel 2 erläuterten Innovationsmethoden bzw. -ansätze:

- Human-Centered Design
- Lean Startup
- Design Thinking

Weiter nennen die Innovationsspezialisten „fostering collabora-
tion", also die verstärkte **Zusammenarbeit** mit erfahrenen Partnern,
als Grundvoraussetzung für ein erfolgreiches Innovationsmanagement. Während in der Vergangenheit, aufgrund unterschiedlicher
politischer Ziele der Geldgeber, aus Angst vor Zielabweichungen und
dem Verlust von Fördergeldern eine Isolationskultur innerhalb der
humanitären Organisationen herrschte, setzen neuerdings eine zu-
nehmende Anzahl an Akteuren auf ein offenes Innovationsökosystem. Dabei haben sie verstanden, dass Probleme nicht alleine gelöst
werden können und betonen nun die Wichtigkeit der Zusammenarbeit mit dem privaten und öffentlichen Sektor, Hochschulen und Forschungsinstitute und Regierungen. Die Zusammenarbeit über den ge-
samten Innovationsprozess ermöglichen, Chancen und Herausforderungen gemeinsam zu erkennen und Synergien **bei der Entwicklung
und Umsetzung** zu nutzen. Vorgehensweisen, Praktiken und best
practice Ansätze werden so in die humanitäre Arbeit adaptiert.

Milja Laakso, Teamleitung UNICEF Innovation in New York, erläutert im Interview die Vorteile von Partnerschaften: „Der Zivil- und Privatsektor hat mehr Geldmittel zur Verfügung, mehr Erfahrung, Know-
how und Zugang zu Technologien und Informationen als UNICEF und
die Vereinten Nationen zusammen".

Auch die Projektleiter vom WFP Innovation Accelerator nennen
„Champions", also starke Partnerschaften, innerhalb und außerhalb
der Organisation als wichtige Innovationsstrategie. Dabei setzt das
World Food Programme auf vielfältiges Fachwissen in allen Diszipli-

nen und Branchen. Um sinnvolle und nachhaltige Lösungen generieren zu können, spielen Synergienutzung mit externen Partnern und das Einholen von Feedback unterschiedlicher Stakeholder eine große Rolle.

Externe Partner sind nicht nur wichtige Geldgeber und Förderer von Bildungs- und Innovationseinrichtungen, sondern fördern neue Denkweisen und setzen sich mit neuen Technologien und Wissen auseinander. Nahezu jedes beschriebene Projekt ist unter Zusammenarbeit mit Partnern entstanden und umgesetzt worden.

Um Kernkompetenzen auszutauschen setzen die humanitären Organisationen immer häufiger auf Mentorenschaften mit dem privaten Sektor. So arbeiten bereits die Innovationsabteilungen von World Food Programme, UNICEF und UNDP eng mit den großen Technologieführern wie beispielsweise Microsoft, Apple, SAP, Google und Facebook zusammen.

Um auch in Zukunft agil zu bleiben, ist die Zusammenarbeit mit Bildungseinrichtungen (beispielsweise mit den Eliteuniversitäten Oxford und Cambridge, Harvard, Singularity University oder dem LMU Entrepreneurship Center) ein weiterer Eckpfeiler von Innovationseinrichtungen. Junge Menschen unterstützen dabei die humanitären Einrichtungen, in dem sie neue Ideen entwickeln, Arbeitsprozesse hinterfragen und an neuen Technologien und Lösungswegen im Kampf gegen globale Herausforderungen arbeiten.

6.3 Grundlagen für Innovationsprojekte

Die Kernprinzipien bei humanitären Innovationsprojekten und Technologien lauten sowohl in der Theorie als auch in der Praxis:

- **Enge Zusammenarbeit mit dem Nutzer** und
- das Umfeld vor Ort kennen und verstehen (Obrecht und Warner 2016).

Dabei geht es um die Entwicklung von kontextbezogenen Produkten und Systemen, die die Bedürfnisse der Nutzer ansprechen und gefordert sind. Der bereits beschriebene Bottom-Up Ansatz soll helfen sowohl lokale Probleme als auch Technologien zu identifizieren und zu verstehen. Damit nachhaltige Lösungen entstehen können, müssen die Nutzer vor Ort frühzeitig in die Planung, Entwicklung, Implementierung und Bewertung eingebunden werden. Ideen und Erfindungen kommen somit aus dem Feld und werden mit Hilfe von internen Experten und externen Partnern gemeinsam (weiter) entwickelt, um so Einkommen und Chancen der betroffenen Bevölkerungsgruppen zu verbessern.

Es müssen mutige neue Ideen und Lösungen gesucht werden, die an bestehende technologische, rechtliche und ordnungspolitische Praktiken angepasst werden. Der Bottom-Up Ansatz in Kombination mit Human-Centered Design soll langfristig die Bedürftigen dazu befähigen, ihre eigenen Probleme zu lösen (Stichwort „do it yourself" Herstellung).

Die Innovationsabteilungen müssen demnach zuerst die richtigen **Projekte identifizieren**, die sie im zweiten Schritt mit Wissen, Technologien und Experten vorantreiben. Als Hauptkriterien bei der Projektauswahl nennen die Experten die Projektidee, das Projektteam und das Umfeld als ausschlaggebende Merkmale. Dabei stehen die folgenden Kriterien im Mittelpunkt:

- Development impact: Projektidee muss großes Potenzial für positive Entwicklungsauswirkungen haben, damit sie später von Regierungen oder privaten Unternehmen weiterfinanziert werden.

- Design for Scale: Innovationen und Techniken müssen langfristig skalierbar sein. Es werden also Entwicklungen gefördert, die in großem Maßstab nützlich und wirtschaftlich sind (Stichwort „economies of scale"). Zum Beispiel eine Wetter-App die für Bauern in Guatemala entwickelt wird und langfristig in weiteren Ländern, Regionen und Kontexten zum Einsatz kommen kann.

- Build for Sustainability: Projekte müssen langfristige und nachhaltige Lösungen für die betroffenen Bevölkerungsgruppen schaffen, einschließlich einer langfristigen wirtschaftlichen und finanziellen Planung (Stichwort Gesamtkosten).

- Team: Keine Finanzierung in einzelne „Champions", das Team ist ausschlaggebend. Die Projektmitglieder sollten erfahren und flexibel sein, vielfältige Qualifikationen und Kompetenzen mitbringen und offen für neue Arbeitsweisen sein. Zeitliche Kapazität spielt ebenfalls eine wichtige Rolle.

- Community: Lokale Gemeinschaften unterstützen und auf vorhandene Systeme und Praktiken aufbauen und gemeinsam weiterentwickeln. Frühzeitige Zusammenarbeit mit lokalen Regierungen und Unternehmen, um nationale Strategien und Regularien zu verstehen.

- Be data driven: Ein stringentes Projektmanagement inklusive Projektcontrolling basierend auf Meilensteinen, Daten und Beweisen. Zur Informationsverteilung, Datenüberwachung und Entscheidungsfindung werden Echtzeitinformationen genutzt.

„Es braucht die richtige Idee zur richtigen Zeit", sagt Sandra Ertel, Projektleiterin beim UN World Food Programme. Dabei betont sie die Zusammenstellung eines starken und engagierten „dream teams" aus lokalen Experten, humanitären Fachleuten, Innovationsspezialisten und erfahrenen Partnern. Um nachhaltige bahnbrechende Lösungen erfolgreich umzusetzen, braucht es sowohl die lokalen Kenntnisse der Bevölkerung als auch die finanzielle Unterstützung der Organisation und die Beteiligung der Länderbüros vor Ort (z. B. Kapazität).

Benjamin Kumpf sagt im Interview: „challenge the assumptions about the greatness of the idea than the greatness of the idea itself", sinngemäß bedeutet das so viel wie, dass der Fokus eher auf der Prüfung der Annahmen (z. B. Infrastruktur, Regierung, Gesetze) liegen sollte als auf der Idee an sich.

Neue Technologien und Systeme unterstützen die Arbeit der humanitären Organisationen. Innovationsabteilungen untersuchen hierfür die hochmodernen Technologiepraktiken aus dem privaten Sektor und prüfen die Anwendbarkeit in der humanitären Welt. Ziel ist es, die Potenziale der neuen Techniken zu nutzen, um damit Prozesse zu beschleunigen, Produkte zu verbessern und bahnbrechende Neuerungen im Kampf für eine gerechtere Welt zu entwickeln. Die in der Theorie und Praxis am häufigsten genannten und vielversprechendsten Technologien sind nachfolgend inklusive eines Beispiels aufgeführt.

- Informations- und Kommunikationstechnologien z. B. Social Media Auswertungen (Stichwort Echtzeitinformationen) oder digitale Fern-erkundung um Krisenkarten bei politischen Konflikten, Überschwemmungen oder Armut zu erstellen.

- Industrie 4.0. und digitale Fertigung z. B. 3D-Druck-Verfahren oder mit Hilfe von FabLabs die Förderung einer „do it yourself" Herstellung vor Ort fördern.

- Digitaler Geldverkehr und digitale Währung z. B. mobile Bezahlsysteme (u.a. M-PESA), Blockchain und Bitcoin oder sogenannte Social Impact Bonds, also soziale Wirkungskredite bei dem soziale Projekte von privaten Investoren vorfinanziert werden und im Erfolgsfall vom Staat rückvergütet werden.

- Telemedizin bei der Krisenversorgung und tragbare Sensortechnik für die Fernüberwachung und die Echtzeitübermittlung von Gesundheitsdaten.

- Smart-Home Technik und Biometrie z. B. biometrischer Fingerabdruck oder Iriserkennung zur Identifizierung oder Authentifizierung.

- Roboter und Drohnen zur Datenerhebung und –beobachtung oder zur Auslieferungen von Medikamenten in Katastrophenfällen.

- Virtual Reality Technologie für interaktive virtuelle Schulungsvideos und Spendensammlungen oder Smartphone Apps für Online-Unterricht.

Die Innovationseinheiten nutzen auch immer häufiger offene Innovationskonzepte wie zum Beispiel öffentliche Daten und Software (engl. open data und open source), und die Intelligenz der Masse (engl. crowdsourcing) um Ideen und Lösungen auf komplexe Fragestellungen von einer breiten Masse zu erhalten.

6.4 Katalysatorische Faktoren

Sowohl die Geldgeber für humanitäre Hilfe als auch die Hilfsorganisationen sind historisch gesehen überaus risikoscheu, was zum einen auf die Angst zurückzuführen ist, dass Misserfolg zu immensen Leiden (z. B. Ernteausfall) oder sogar zum Verlust von Menschenleben führen kann (z.B. Hungersnot auf Grund einer Fehlinvestition). Der Fokus beider Beteiligten lag lange Zeit auf der aktuellen (Not-) Situation, ohne die Projektebene bzw. das große ganze Bild zu betrachten (Betts und Bloom, Humanitarian Innovation: The State of the Art 2014, 21). Der Ansatz ist völlig verständlich und logisch, allerdings hemmen Risikoscheu Innovationen und neue Ansätze, die der humanitäre Sektor so dringend benötigt.

Seit einigen Jahren ist allerdings zu erkennen, dass immer mehr Organisationen ihre Arbeit hinterfragen und bereit sind **neue Wege zu gehen.** Weg von einer ausschließlichen Reaktionskultur (z. B. auf Naturkatastrophen und Epidemien) hin zu einer Veränderungskultur mit dem Ziel Krisen zu vermeiden bevor sie entstehen (z. B. die Installation eines Tsunami-Alarmsystem via SMS Warnung).

Da Innovationen grundsätzlich mit Risiken behaftet sind, arbeiten die Innovationsabteilungen mit vielen verschiedenen Projekten und erfahrenen Partnern zusammen, um so das Risiko einer Fehlinnovation zu verringern. Innovationsprojekte im humanitären Sektor sind um ein vielfaches komplexer in der Umsetzung als in anderen Bereichen, da häufig in Regionen in denen gearbeitet wird, keine oder nur wenig Infrastruktur vorhanden ist (z. B. keine Straßen, Elektrizität oder Telekommunikation). Dazu kommen Menschen und Völker, die noch nichts von den neuen (westlichen) Arbeitsweisen und Techniken gehört haben und die sich nur schwer von neuen Lösungswegen überzeugen lassen. Die Innovationsabteilungen sind sich einig, dass die Organisationen im Kampf gegen die globalen Herausforderungen **gezielt auf Risiken eingehen** und mutige Entscheidungen treffen müssen. Nur so können erfolgreiche Projektideen mit großen Entwicklungsauswirkungen entstehen und auch umgesetzt werden.

Die chronische Unterfinanzierung der Vereinten Nationen und die teils alten und verkrusteten Finanzierungsstrukturen der Geldgeber, bieten kaum Flexibilität für neue Ansätze und Innovationsprojekte. Die Experten sind sich einig, dass Geldmittel fehlen, um Innovationen noch intensiver voranzutreiben und erfolgreiche Ideen zu skalieren und zu finanzieren. Die Abkommen sind bisher noch zu starr an spezifische Ergebnisse gebunden inklusive des Weges dorthin. Das erschwert ein kreatives Forschen und Entwickeln.

Der humanitäre Sektor fordert seit Jahren **ein flexibleres Finanzierungs- und Bewertungssystem**. In Zukunft sollten die Finanzierungsabkommen mit den Geldgebern einen höheren Anteil an Freiheitsgraden beinhalten, mit denen die Organisationen unter Einhaltung bestimmter Ziele flexibel Handeln können. Die Einführung eines flexibleren Finanzierungssystems würde dazu beitragen, dass das Lernen und Experimentieren unterstützt und nicht bestraft wird, indem knappe Ressourcen und soziale Auswirkungen maximiert werden, solange dabei ethische Standards etabliert und verfolgt werden.

Dennoch haben viele Regierungen, private Unternehmen und Investoren verstanden, dass Nothilfe alleine nicht ausreicht und unterstützen die humanitären Innovationsabteilungen finanziell. So erhält beispielsweise der WFP Innovation Accelerator über Jahre finanzielle Unterstützung vom Bundesministerium für wirtschaftliche Zusammenarbeit und Entwicklung, dem Auswärtigem Amt und dem Bayrischen Landesministerium für Ernährung, Landwirtschaft und Forsten (World Food Programme , Aktuelles 2016). Nur so lassen sich auch in Zukunft Innovationsprojekte finanziell unterstützen.

Weiter betonen die humanitären Experten funktionierende **Teamarbeit und** effektive **Kommunikation** als Schlüssel zum Erfolg. Durch Kommunikation erfolgt die Einbindung aller Beteiligten und gewährleistet gleichzeitig eine hohe Motivation über die gesamte Zeit. Das beginnt von der Kommunikation innerhalb der Organisation

(z. B. Kommunikation der Innovationsstrategie) über Informationsaustausch im Entwicklungsteam und Vereinbarungen mit Partnern
bis zu Zielvereinbarungen mit dem Nutzer.

Sowohl Theorie als auch Praxis unterstreichen die Wichtigkeit von
Feedbackschleifen (oder Rückkopplungen). Die nachfolgende Abbildung verdeutlicht die (großen und kleinen) Rückmeldungsschleifen
zwischen sämtlichen Projektbeteiligten:

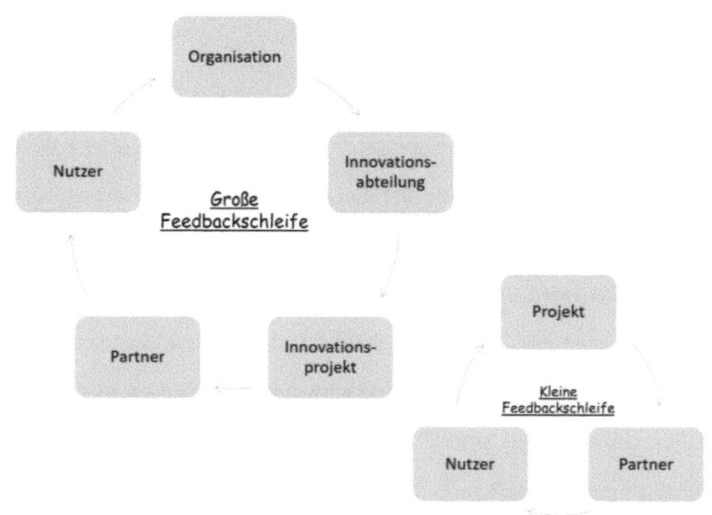

Abbildung 19: Feedbackschleifen als Erfolgsrezept für Innovationsprojekte
Quelle: Eigene Darstellung

Systematische Rückmeldungen tragen maßgeblich dazu bei, technische und zeitliche Missstände und zwischenmenschliche Probleme im Projektteam frühzeitig zu erkennen und zu lösen. Nur durch regelmäßigen Austausch und Feedback ist es möglich auf wechselnde Anforderungen und neue Bedingungen flexibel und dynamisch zu reagieren. Etablierte Feedbackschleifen sorgen dabei für einen reibungslosen und stetigen Informationsfluss.

7 Diskussion

Im folgenden Kapitel sollen die Fragestellungen der Forschungsarbeit (Kapitel 1) anhand der Ergebnisse diskutiert werden. Dabei soll zunächst geprüft werden, ob es sich bei den gefundenen Erkenntnissen um neuartige Ansätze handelt oder bereits publizierte Ergebnisse. Anschließend werden die sozialen Auswirkungen von Innovationen im humanitären Bereich unter „Spiel mit dem Feuer" kritisch diskutiert und Chancen und Risiken betrachtet. Es folgen die Limitationen der Forschungsarbeit und Empfehlungen für eine weiterführende Entwicklung der Arbeit.

7.1 Neue Ansätze oder „alter Wein in neuen Schläuchen"?

Innovation ist heute ein Modewort und nicht mehr aus den Medien oder unserem Alltag wegzudenken. Deshalb ist es sinnvoll, über die Erkenntnisse der Arbeit zu diskutieren und zu prüfen, ob es sich um neuartige Innovationsansätze und Arbeitspraktiken handelt oder nur um „business as usual" (Dean 2015).

Die Ziele der in Kapitel 2.1.1 skizzierten Entwicklungspolitik der vergangenen Jahrzehnte wurden aus Sicht der Experten, wie bereits erläutert, verfehlt. Aufgrund der Vergangenheit und neuen globalen Herausforderungen sind sowohl Regierungen als auch humanitäre Organisationen zum Handeln aufgerufen (Stichwort SDGs). Die Literatur bescheinigt der humanitären Hilfe historisch gesehen einen top-down Ansatz, bei dem neue Ideen und Arbeitsansätze (häufig ohne Fragen) in die Entwicklungsländer exportiert wurden, ohne die

Nutzer vor Ort in den (Innovations-) Prozess miteinzubeziehen. Misserfolge und Fehlinvestitionen waren die unerwünschte Folge.

Deshalb setzen die humanitären Innovationsabteilungen auf Human-Centered Design und Bottom-Up Ansätze, bei denen die lokalen Nutzer im Mittelpunkt stehen. Lösungen werden dabei gemeinsam und nicht für die lokale Gemeinschaft entwickelt. Der nutzerorientierte Fokus ist ein neuer Ansatz und eine neue Denkweise in der humanitären (Innovations-) Praxis.

Dabei sind die Innovationsteams häufig über mehrere Wochen oder sogar Monate vor Ort (z. B. in lokalen FabLabs oder Kreativwerkstätten), um so ein erfolgreiches Projektmanagement zu ermöglichen. Weiter werden die Projektteams und soziale Unternehmer durch lokale Innovationsexperten in den Länderbüros unterstützt, wie z. B. im UNICEF Innovation Accelerator im Libanon.

Zudem haben die humanitären Innovationsabteilungen erkannt, dass sich globale Probleme nicht alleine lösen lassen. Deshalb setzen sie bei ihren Innovationsprojekten auf den Wissensaustausch und die Zusammenarbeit mit externen Partnern (engl. „partnership"), um gemeinsam Ideen und Lösungen zu entwickeln. Die Literatur nennt Partnerschaften als einen neuen Trend in der humanitären Welt (Bloom und Betts, The two worlds of humanitarian innovation 2013, 8, Ramalingam, Howard , et al. 2015, 33 ff.). Allerdings spielen Partnerschaften mit nationalen und lokalen Regierungen, der Zivilgesellschaft, akademischen Institutionen und dem privaten Sektor schon seit jeher eine wichtige Rolle (UNHCR, NHCR's Global Strategic for 2014-2015 2013, 17, WFP, WFP Strategic Plan 2008-2013 2007, 8 ff.,

UNICEF, UNICEF Strategic Plan 2014-2017 2014, 8). Innovationsabteilungen haben die Wichtigkeit und die Vorteile von Partnerschaften in lokalen Märkten ebenfalls erkannt und in ihren Innovationsstrategien festgehalten. Des Weiteren verfügen die Innovationsspezialisten über ein großes Netzwerk, über das Technologie-Trends und Arbeitsweisen schnell ausgetauscht und Kooperationen vereinbart werden können.

Die humanitären Organisationen und ihre Länderbüros vor Ort haben schon immer versucht neue Technologien, Instrumente und Ansätze zu entwickeln, um Arbeitsweisen und Programme vor Ort zu verbessern. Zum Beispiel gibt es die „Food for Work"- und „Cash for Work"-Projekte des WFPs (also Nahrung oder Geld für Arbeitsleistung) seit über einem Jahrzehnt. Insofern ist der Technologiefokus der Innovationsabteilungen kein neuer Ansatz. Allerdings beeinflussen neue Technologien wie zum Beispiel Informations- und Kommunikationstechniken (vor allem Soziale Medien) zunehmend das alltägliche Leben der Bedürftigen.

Dabei macht der Technologieoptimismus auch kein Halt vor Entwicklungsländern (siehe Kapitel 4.2.4) und wird sich aller Voraussicht nach in den nächsten Jahren noch steigern. Viele der vorgestellten Projekte basieren auf neuen Techniken und Systemen, was wiederum zu neuen Arbeitsweisen und einem verbesserten Leben der betroffenen Bevölkerungsgruppe führen kann.

Aufgrund von verbesserter (Daten-) Infrastruktur in vielen Ländern Afrikas und Asien sowie neuen Kommunikationsmedien wie beispielsweise Mobilfunktechnik oder Soziale Medien können sich

Mensch auf der ganzen Welt austauschen. Die Menschen verschaffen sich so Zugang zu Informationen (z. B. Nachrichten-Apps), die sie früher nicht hatten oder gar nicht kannten. Der Optimismus gegenüber neuen Technologien und Ansätzen wird dadurch auch in Entwicklungsländern weiter verstärkt.

Auch humanitäre Organisationen haben diesen technologischen Wandel erkannt und setzen immer häufiger auf digitale Technologien. Die Offenheit für neue Techniken und Arbeitsweisen (unabhängig aus welcher Disziplin z. B. Industrie, Raumfahrt, Robotik oder Medizin) in humanitären Programmen und Projekten ist in dem Ausmaß ein neuer Ansatz.

Weiter sind Open-Source-Technologien und Open Data (also Technologien und Daten die öffentlich verfügbar und nutzbar sind), sowie Crowdsourcing zur Förderung von Innovation im humanitären Bereich gänzlich neu und versprechen großes Potential. Die Literatur schenkt dem Open-Innovation-Konzept, also der Erweiterung des Innovationsprozesses unter Einbeziehung der Außenwelt, noch keine Beachtung.

Sowohl UN-Organisationen als auch einige Nichtregierungsorganisationen haben zuletzt vermehrt in Innovationsthemen investiert und folglich neue Arbeitsansätze und Denkweisen etabliert und vorangetrieben. Die Bereitschaft neue Wege zu gehen (Krisen vermeiden bevor sie entstehen), mit neuen Technologien und Arbeitsweisen experimentieren und dabei auch mal Risiken eingehen, ist in diesem Ausmaß im humanitären Sektor bis dato einzigartig und durchaus auch tatsächlich als Paradigmenwechsel in der Entwicklungshilfepolitik anzusehen.

7.2 Innovationen im humanitären Bereich „Spiel mit dem Feuer"?

Innovation wurde in den letzten Jahren zu einem der am meist diskutierten Themen in der humanitären Welt. In vielen der bestehenden Debatten wurde der Innovationsbegriff sowohl von Organisationen als auch von humanitären Helfern jedoch schlecht verstanden, was entweder auf begrenztes Wissen (bzw. Forschung) oder schlechte Kommunikation zurückzuführen ist. Dabei geht es bei humanitären Innovationen letztlich nur um Verbesserungen der Qualität, Effizienz und Wirksamkeit der humanitären Hilfe.

Allerdings wurde der bereits mehrfach angesprochene Paradigmenwechsel in Arbeitsansätzen und Denkweisen häufig von den Mitarbeitern aus Angst vor sozialen Auswirkungen abgelehnt oder nicht ernst genommen. Olivier Delarue erzählt im Interview, dass die Gründung der Innovationsabteilung bei UNHCR im Jahr 2012; anfangs zu Innovationshemmnissen führte. Schuld war eine Kombination aus mangelnder Organisationskommunikation und der Angst vor Veränderungen und Ungewissheit der Mitarbeiter. Sowohl die Interviewpartner als auch die Literatur empfehlen eine frühzeitige organisationsweite Kommunikation der Innovationsstrategie via Email und

Intranet. Der Aufruf zum Einbringen eigener Ideen und dem Mitwirken an Innovationswettbewerben innerhalb der Organisation stärkt dabei das Engagement der Belegschaft.

Allerdings können Mitarbeiter nicht auf Knopfdruck innovativ sein und benötigen in der Praxis sowohl zeitliche Kapazitäten (Freiraum) und finanzielle Ressourcen, als auch die Förderung durch Führungskräfte und die Unterstützung von Experten. In der Praxis scheitert es häufig an den genannten Punkten, da humanitäre Organisationen seit Jahren chronisch unterbesetzt und unterfinanziert sind und obendrein in Krisensituationen agieren. Vielfach geht es darum Menschenleben zu retten, wobei den Mitarbeitern kaum Zeit bleibt, um an Innovationsthemen zu experimentieren.

Trotz der vielen (innovativen) Fortschritte, die bereits erzielt werden konnten, leidet das humanitäre System noch immer unter Investitionsknappheit auf Grund von Budget- und Ressourcenbeschränkungen (der Geldgeber), Doppelarbeit innerhalb der Organisationen, und unflexible Beschaffungsregularien. Weiter wird auf Grund von mangelnder Kommunikation und dem Fehlen einer systemweiten Innovationsagenda im Hinblick auf einen interorganisatorischen Informationsaustausch das historische gewachsene Silodenken weiter verstärkt als zielführend aufgebrochen.

Dadurch werden identifizierte Probleme nicht gemeinsam gelöst und entsprechende Lösungsansätze nur selten geteilt. Nicht selten forschen mehrere Organisationen an den gleichen Themen und stellen erst nach der Entwicklung, also bei der Einführung vor Ort fest, dass Regierung oder andere Organisationen bereits eine Lösungsstrategie gefunden haben. Erste Initiativen wie das vorgestellte Global Humanitarian Lab versuchen Innovationsanstrengungen zu bündeln und organisationsübergreifende Innovationsthemen zum Standard zu machen. In Zukunft wird es verstärkt darauf ankommen, frühzeitig ein gemeinsames (Innovations-) Verständnis zwischen allen Beteiligten aufzubauen und alle Teilnehmer von Anfang an in den Innovationsprozess und die Diskussionen miteinzubeziehen.

Die zumeist neu gegründeten Innovationseinrichtungen befinden sich aktuell in einer sogenannten Versuchsphase. Wie die Forschungsarbeit zeigt, sind humanitäre Innovationen in dem Ausmaß gänzlich neu und folglich gibt es keinen vorgegebenen Lösungsweg bzw. eine bereits erprobte Erfolgsstrategie. Das ist Fluch und Segen zugleich. Auf der einen Seite verschafft das Freiheit und Freiraum, in dem ohne Blaupause wild experimentiert (engl. bold ideas) und getestet werden kann. Dabei können neue Ansätze und Denkweisen leichter entstehen als in vorgegebenen Rahmen und Strukturen. Auf der anderen Seite gibt es kein „Richtig oder Falsch" – das bedeutet, Ideen müssen unter ersten Annahmen getestet werden, neue Technologien werden erstmals eingeführt und genutzt und Partnerschaften und Kooperationen erstmalig entstehen.

Auf Grund der vielen Variablen entstehen Risiken, die von den Organisationen und den Geldgebern (vor allem Regierungen und private Sponsoren) getragen werden müssen. Was passiert aber bei Fehlinnovationen oder Ablehnung der Innovationen durch die Regierung und was geschieht, wenn Projekte nicht skaliert und folglich nicht weiter verbreitet werden? Was machen die Geldgeber der kreativen (und teuren) Innovationszentren, wenn Innovationsprojekte keine schnellen Erfolge bringen? Und wie lange haben die Innovationsexperten Zeit, um neue Arbeitsweisen zu etablieren und Technologien zu testen (Innovationen brauchen Zeit)?

Antworten auf die vielen Fragen gibt es noch nicht. Jedoch benötigen Organisationen Erfolgsprojekte wie zum Beispiel „ShareThe-Meal" des WFPs oder „Digital Kiosk" von UNICEF, um Geldgeber zu motivieren, Innovationsprojekte auch langfristig zu unterstützen. Auf Grund der Rechenschaftspflicht gegenüber der Geldgeber spielt Transparenz innerhalb der Projekte eine entscheidende Rolle. Dabei geht es um die Einhaltung von Regeln und Gesetzen, sowie um stringentes Projektcontrolling und regelmäßige Mitteilungspflichten an alle Interessengruppen. Die Experten sind sich einig, dass Transparenz in Zukunft aufgrund steigender Forderung der Geldgeber an Bedeutung gewinnen wird.

Selbstverständlich müssen auch die Chancen und Risiken der Begünstigten sorgfältig abgewogen werden. Dabei dürfen keinerlei Risiken auf Kosten der Bedürftigen entstehen. Die Nutzer stehen mit Hilfe von Human-Centered Design und Bottom-Up Ansätzen über den kompletten Innovationsprozess im Mittelpunkt der Arbeit, dadurch können lokale Bedingungen leichter in den Entstehungsprozess einfließen. Um Nachhaltigkeit langfristig zu garantieren, müssen zu jeder Zeit ethische und kulturelle Voraussetzungen sowie lokale Gesetze und Regelungen eingehalten werden. Die enge Zusammenarbeit mit Nutzern, Länderbüros und Regierungen ist dabei von ausschlaggebender Bedeutung. Weiter ist darauf zu achten, dass zu jederzeit Land, Leute und Umwelt bestmöglich geachtet werden. Die Einführung eines Codes of Conduct, also einem Verhaltenskodex für Innovationen in ländlichen Gegenden wird von vielen Experten seit langer Zeit gefordert.

Innovationen im humanitären Bereich sind zwar kein Allheilmittel für jegliche Probleme, denn Stand heute können sie Kriege und Konflikte nicht verhindern. Dennoch zeigen die Erfolgsgeschichten, dass sie ein Schritt in die richtige Richtung sind und das Leben vieler Bedürftiger verbessern und weiter verbessern könnten. Dabei ist das „Spiel mit dem Feuer" überschaubar, denn mit Hilfe der Experten vor Ort und den Innovationsexperten, die vielfältige Erfahrungen im Projektmanagement, Beratung und Gründung von Unternehmen mitbringen, können Projekte sicher gesteuert werden.

Weiter zeigen die Erkenntnisse dieser Arbeit, dass die Forderungen nach Veränderungen im humanitären Bereich auf Grund der komplexen Herausforderungen sowohl aus der Politik als auch innerhalb des humanitären Sektors stetig lauter werden. Die Installation von Innovationseinheiten, die sich ausschließlich auf neue Lösungsansätze und Arbeitsweisen konzentrieren und dabei mit globalen Größen aus unterschiedlichen Sektoren zusammenarbeiten, um dabei „best practice" Strategien zu identifizieren, ist meines Erachtens absolut richtig und nötig. Das kreative und offene Konzept der Innovationseinheiten fördert dabei die Zusammenarbeit zwischen humanitären Spezialisten und externen Innovatoren aus unterschiedlichen Disziplinen, um gemeinsam Spitzenlösungen zu entwickeln.

7.3 Limitationen der Arbeit

Die Einschränkungen dieser Arbeit liegen darin, dass die Stichprobengröße der befragten Personen und der zugrunde gelegte Gesprächsleitfaden nur eingeschränkt repräsentativ sind. Weiter sind die Antworten und Meinungen der befragten Personen subjektiv und können nicht generalisiert werden.

Auf Grund der aktuellen Geschehnisse in Syrien, Irak, Jemen und Somalia sowie den daraus resultierenden Flüchtlingsströmen nach Europa und der Organisation von Flüchtlingscamps und Infrastrukturmaßnahmen haben einige der eingeplanten Interviewpartner kurzfristig abgesagt. Daher sind die Interviews mit Christopher Earney, Projektleiter bei UNHCR Innovation, Kim Scriven vom Humanitarian Innovation Fund (HIF) und Sarwal Tarun, Leiter der Innovationsabteilung beim International Committee of the Red Cross (ICRC) kurzfristig ausgefallen. Nachholtermine konnten aus Zeitgründen nicht gefunden werden. Weitere Interviews mit Vertretern aus Nichtregierungsorganisationen, dem Stiftungsbereich oder anderen sozialen Initiativen waren auf Grund des Zeitrahmens der Masterarbeit nicht möglich. Infolgedessen haben alle interviewten Personen einen UN Hintergrund und arbeiten mit Ausnahme von Jordi Renart im Innovationsbereich, was die Sichtweise etwas einschränkt.

Hinzu kommt die Einschränkung durch die Neuheit des Themas sowohl in der Theorie als auch in der Praxis, da es schlichtweg noch nicht viele Innovationseinrichtungen im humanitären Bereich gibt. Die bereits existierenden humanitären Innovationseinrichtungen und deren Experten sind bislang noch auf der Suche nach dem Königsweg. Die eine richtige Innovationsstrategie, aus der alle lernen und Schlussfolgerungen ziehen können, gibt es (noch) nicht. Darüber hinaus sind sowohl die Herausforderungen auch aufgrund regionaler Unterschiede zu komplex, so dass ein Pauschalisieren von Annahmen und Lösungen kaum sinnvoll wäre.

7.4 Empfehlungen für die weitere Entwicklung

Um die oben beschriebenen Problematiken zu umgehen, sollten in einer weiterführenden Arbeit Interviews in größerem Rahmen und Tiefe durchgeführt werden. Dabei sollten sowohl Meinungen und Sichtweisen von humanitären Helfern vor Ort als auch von lokalen Unternehmen und Organisationen eingeholt werden. Hierbei ist es besonders wichtig zu verstehen, inwieweit die Innovationsstrategien bei den Mitarbeitern im Feld und den Länderbüros ankommen, inwiefern Innovationen in der alltäglichen Arbeit eine Rolle spielen und wie sie bei Ideen unterstützt werden.

Für ein besseres Verständnis sollten ebenfalls die Sichtweisen der lokalen Bevölkerung miteinbezogen werden. Es wäre interessant zu analysieren, inwieweit Innovationen, wie zum Beispiel die Einführung einer Wetter-App, das Leben der Bauern in Guatemala wirklich vereinfachen. Dabei wäre es besonders wichtig zu erfahren, welche weiteren Schwierigkeiten es damit vor Ort gibt und welche Verbesserungen und Wünsche sie für die Zukunft haben.

Da es in der Vergangenheit bereits zu Missverständnissen und Problemen bei der Übergabe bzw. Einführung der Projekte im Land gekommen ist, wäre es außerdem wichtig, die Ursachen dafür zu hinterfragen. Hierbei wäre es lehrreich, Einblicke in die Projekt- und Zusammenarbeit mit externen Partnern und Regierungen zu erhalten.

Auch ein tieferer Einblick in die Innovationszentren der bekannten Technologieunternehmen wie zum Beispiel Microsoft, IBM, Apple oder SAP und ihre Arbeitsweisen und Techniken wäre ratsam und ein bedeutender Wissensgewinn für eine weitere Forschungsarbeit.

8 Zusammenfassung

Zusammenfassend kann festgehalten werden, dass der humanitäre Sektor angesichts der lang anhaltenden Krisen, Konflikten sowie durch Klimaveränderungen und Naturkatastrophen einschließlich ihrer dramatischen Folgen vor gravierenden Herausforderungen steht. Dadurch ist der Bedarf nach neuen Lösungsansätzen, innovativen Ideen und praktischen Schritten zur Verwirklichung einer nachhaltigen und gerechten Welt enorm. Dabei sollen humanitäre Innovationen eine neue Ära humanitärer Hilfe einläuten. Doch wie ist das in der Praxis realisierbar?

Eine Zielsetzung der vorliegenden Masterarbeit bestand darin, die globalen Herausforderungen zu analysieren und die aktuellen Entwicklungskonzepte darzustellen. Dazu erfolgte zunächst die Betrachtung der Entwicklungspolitik der vergangenen Jahrzehnte, die laut der Literatur „eine Geschichte des Scheiterns" war. Im Anschluss wurden die aktuellen entwicklungspolitischen Ansätze betrachtet, die einem erneuten „Scheitern" entgegenwirken sollen.

Im Zuge dessen entschlossen sich die UN Mitgliedstaaten zur Jahrtausendwende die großen weltweiten Probleme gemeinsam anzugehen und entwickelten gemeinsam die Millennium Development Goals (2000 – 2015). Während dieser Zeit ist es gelungen, die weltweite Armut zu halbieren und weitere bemerkenswerte Fortschritte im Kampf gegen Malaria und Tuberkulose zu erzielen. Dennoch blieben viele globale Herausforderungen bestehen oder haben sich gar verschärft. Daher wurden nach Ende der Millennium Development

Goals, neue internationale Ziele für nachhaltige Entwicklung formuliert, die Sustainable Development Goals (2015 - 2030). Diese Ziele umfassen unter anderem die Beseitigung von Armut und Hunger, die weltweite Förderung von Gesundheit, Bildung und guter Arbeit für alle. Die Ziele und Zielvorgaben, der sogenannten Agenda 2030, bilden den Rahmen für die globale Umwelt- und Entwicklungspolitik der nächsten Jahrzehnte.

Eine weitere Zielsetzung der Forschungsarbeit war es, sowohl den schillernden Begriff „Innovation" näher zu betrachten, als auch Innovationsprozesse und Innovationstechniken aus der Praxis vorzustellen. Dabei handelt es sich bei Innovationen, um neuartige Ideen oder Veränderungen und deren Umsetzung in die Praxis (Merkformel: Innovation = Invention + Exploitation). Weiter wurde der Innovationstrichter vorgestellt, der einen guten Überblick über die zentralen Kernelemente des Innovationsprozesses bietet.

Ergänzend dazu wurden weitere Prozessmodelle vorgestellt und die neuen und agilen Innovationsprozesse „Lean Startup" und „Design Thinking" genauer betrachtet. Die zentralen Aspekte der Lean Startup Theorie sind die Verkürzung der Produktentwicklungszeit sowie der frühestmögliche Markteintritt (Stichwort Minimal Viable Product). Beim Design Thinking Ansatz geht es darum, komplexe Problemstellungen zu lösen und innovative Ideen und Prototypen zu entwickeln. Das Konzept fokussiert sich darauf, radikale neue Lösungsansätze zu entwickeln, die sich am Nutzer orientieren (Stichwort Human-Centered Design) und dessen Bedürfnisse in den Mittelpunkt stellen. Beide Modelle spielen derzeit eine zentrale Rolle bei der Entwicklung und Umsetzung von humanitären Projekten.

Weiter wurde im Rahmen dieser Forschungsarbeit die Rolle von Innovationen im humanitären Bereich und der Status quo der neuen Innovationseinrichtungen untersucht. Hier sind sich die Experten einig, dass die aktuellen Herausforderungen und Krisen nicht mit den bisherigen Arbeitsweisen und –methoden lösbar sind und setzen deshalb vermehrt auf „humanitarian innovation". Also innovative humanitäre Lösungen die auf Konzepte des privaten Sektors aufbauen und das humanitäre Ökosystem verbessern sollen. Dies haben bereits zahlreiche Organisationen erkannt und investieren vermehrt in Innovationsthemen. So haben einige humanitäre Einrichtung Innovationszentren und ähnliche Initiativen gegründet, Entwicklungsstipendien entwickelt und neue Partnerschaften mit der Privatwirtschaft und Universitäten aufgebaut, um vielversprechende Ideen und Lösungswege zu identifizieren, zu testen und umzusetzen.

Mit Hilfe der Literatur und der geführten Experteninterviews wurden sowohl diese neuen Arbeitsansätze und Methoden als auch Erfolgsprojekte und Technologietrends identifiziert und untersucht, aus denen Handlungs-empfehlungen für humanitäre Innovationen abgeleitet wurden. Die identifizierten Erfolgsfaktoren sollen als positive Beispiele gesehen werden, um den Aufbau eines offenen Innovationsökosystems zu fördern und neue Lösungsansätze weiter voranzutreiben. Die Forschungsarbeit identifiziert vier Einflussfaktoren mit jeweils drei Schlüsselaktivitäten, für einen erfolgreichen Innovationsprozess:

Bei der Ausrichtung der Organisation ist es zu Beginn wichtig, eine **Innovationskultur in der Organisation** zu schaffen und diese organisationsweit zu **verankern**, in der sowohl Mitarbeiter als auch Führungskräfte eine positive Einstellung gegenüber neuen Lösungsansätzen und Innovationen entwickeln. Eine **visionäre Organisationsstrategie** ist dabei die Grundlage für eine offene Innovationskultur und eine klare Signalwirkung. Innovationswettbewerbe und –preise helfen das **Innovationspotential** in der Organisation **anzuregen und freizusetzen**. Das kreative Umfeld fördert freies Experimentieren und Lernen. Dabei setzen die neu gegründeten **Innovations- und Changemanagement Abteilungen auf** disruptive Ideen und neue Lösungsansätze. Im **Innovationsprozess** werden mit Hilfe der agilen Entwicklungsmethoden (Human-Centered Design, Lean Startup und Design Thinking) Ideen schnell und kostengünstig entwickelt und unter Einführung eines Minimum Viable Products am Markt getestet. Die verstärkte **Zusammenarbeit** mit dem privaten und öffentlichen Sektor, Hochschulen und Forschungsinstitute und Regierungen ist eine weitere Grundvoraussetzung für ein erfolgreiches Innovationsmanagement.

Als Grundvoraussetzungen für den Projekterfolg gelten die **enge Zusammenarbeit mit dem Nutzer** und das Umfeld vor Ort kennen und verstehen. Bottom-Up Ansatz und Human-Centered Design helfen dabei sowohl lokale Probleme als auch Technologien zu identifizieren und zu verstehen. Dabei spielt die **Identifikation** der richtigen **Projekte** durch die Innovationsabteilung eine ausschlaggebende Bedeutung. Dabei ist darauf zu achten, dass Projektideen nachhaltig und langfristig skalierbar sind und großes Potenzial aufweisen. Das Projektteam und das Umfeld sind weitere bestimmende Faktoren. **Neue Technologien und Systeme** wie z. B. Informations- und Kommunikationstechnologien unterstützen die Arbeit der humanitären Organisationen.

Weiter müssen die Innovationsabteilungen im Kampf gegen die globalen Herausforderungen **neue Wege gehen** und **gezielt auf Risiken eingehen**. Nur so können erfolgreiche Projektideen mit großen Entwicklungsauswirkungen entstehen und auch umgesetzt werden. Um auch in Zukunft flexibel Handeln zu können ist die gemeinsame Forderung nach **einem flexibleren Finanzierungs- und Bewertungssystem** von Bedeutung. Ein weiterer Schlüssel zum Erfolg ist eine funktionierende **Teamarbeit und** effektive **Kommunikation** sowie die Wichtigkeit von **Feedbackschleifen zwischen sämtlichen Projektbeteiligten.**

Angetrieben von der Nachfrage nach neuen Modellen und Arbeitsansätzen, dem wachsenden Engagement des privaten Sektors und dem raschen technologischen Wandel, konnte die Forschungsarbeit identifizieren, dass Innovationen heute eine bedeutende Rolle im humanitären System spielen. Allerdings sind die bereits existierenden humanitären Innovationseinrichtungen und die Experten bislang noch auf der Suche nach einem allgemeingültigen Erfolgsrezept, da es die eine richtige Innovationsstrategie, aus der alle lernen und Schlussfolgerungen ziehen können, (noch) nicht gibt.

Durch die Schaffung gemeinsamer Definitionen und Prinzipien, die Analyse bewährter Praktiken und die Ableitung von Erfolgsfaktoren, soll die Forschungsarbeit dazu beitragen, den humanitären Innovationseinrichtungen eine Handlungsempfehlung für ihre Arbeitsweise und Ausrichtung von Innovationsprojekten und -strategien zu geben.

Aufgrund der Erkenntnisse der Masterarbeit ist davon auszugehen, dass die humanitären Innovationsteams auch in Zukunft verstärkt auf die identifizierten Innovationsansätze setzen werden. Hier wird vor allem der lokale Nutzer in den Mittelpunkt ihrer Arbeit gestellt, mit dem langfristigen Ziel die Bedürftigen mit Hilfe von Industrie 4.0, 3D-Druckverfahren und weiteren neuen Technologien („Information gibt Macht") und Arbeitsweisen so zu unterstützen, dass sie langfristig ihre Herausforderungen und Krisen selbst bewältigen können.

Es ist zudem abzustehen, dass die intensive und längerfristige Unterstützung der Projektteams durch Innovationsspezialisten vor Ort (z. B. in Innovationszentren oder Kreativwerkstätten) zukünftig eine noch größere Rolle spielen wird als bisher. Außerdem werden Partnerschaften und Wissensaustausch mit lokalen Experten aus unterschiedlichen Sektoren weiter zunehmen. Auch die Einbeziehung der Außenwelt mit Hilfe von Open-Innovation-Konzepten wird weiter wachsen.

Literaturverzeichnis

Anderson, Mark. *theguardian.com.* 03.08.2015. https://www.theguardian.com/global-development/2015/aug/03/ban-ki-moon-hails-sdgs-agreed-by-193-nations-as-leaving-no-one-behind (Zugriff am 06. 08 2016).

Angenendt, Steffen, David Kipp, und Anne Koch. *Stiftung Wissenschaft und Politik.* Deutsches Institut für Internationale Politik und Sicherheit. 07 2016. https://www.swp-berlin.org/fileadmin/contents/products/aktuell/2016A45_adt_kpp_koh.pdf (Zugriff am 09.11.2016).

Argus, Simon. *Karten für die Welt - Humanitarian OpenStreetmap und das Missing Maps Project.* 18.12.2014. http://geozentrale.blogspot.it/2014/12/karten-fur-die-welt-humanitarian.html#!/2014/12/karten-fur-die-welt-humanitarian.html (Zugriff am 22.11.2016).

Ärzte ohne Grenzen. *Innovationen – wie neue Technologien und kreative Lösungen unsere Hilfe in Krisengebieten verbessern.* 11. 03. 2016. https://www.aerzte-ohne-grenzen.de/innovationen-verbessern-hilfe-in-krisengebieten (Zugriff am 20.11.2016).

Atteslander, Peter. *Methoden der empirischen Sozialforschung.* Bd. 12. Auflage. Berlin: Erich Schmidt Verlag , 2008.

Auswärtiges Amt . *Humanitäre Hilfe.* 23.05.2016. https://www.auswaertiges-amt.de/DE/Aussenpolitik/HumanitaereHilfe/7_Aktuelles/1 60523_WHS.html (Zugriff am 10.02.2017).

Auswärtiges Amt. *Auswärtiges Amt.* 23.05.2016. https://www.auswaertiges-amt.de/DE/Aussenpolitik/HumanitaereHilfe/7_Aktuelles/1 60523_WHS.html (Zugriff am 04.11.2016).

Auswärtiges Amt. „Die deutsche humanitäre Hilfe im Ausland." Berlin, 2011.

Barbarski, Kamil. *Gründerküche* . 03.08.2014. https://www.gruenderkueche.de/fachartikel/lean-startup-so-entwickelt-ihr-schlank-und-schnell-geschaeftsmodelle/ (Zugriff am 24.10.2016).

Baregheh, Anahita, Jennifer Rowley, und Sally Sambrook. „Towards a multidisciplinary definition of innovation." *Management Decision* (Emerald Group Publishing Limited) 47, Nr. 8 (2009): 1323-1339.

Bauer, Steffen, und Carmen Richerzhagen. „Ein Zielkatalog für alle! Die globale Entwicklungsagenda „Post-2015"." (Diplomatisches Magazin) Juni 2013 (2013).

BDI - Bundesverband der Deutschen Industrie. *Deutschland 2030 - Zukunftsperspektiven der Wertschöpfung.* BDI - Bundesverband der Deutschen Industrie; Z_punkt GmbH - The Foresight Company, 2013.

Betts, Alexander, Louise Bloom, Josiah Kaplan, und Naohiko Omata. *Refugee Economies. Rethinking Popular Assumptions.*

Oxford : Humanitarian Innovation Project, University of Oxford, 2014.

Betts, Alexander, Louise Bloom, und Naohiko Omata. *Humanitarian innovation and refugee protection*. RSC Working Paper Series No. 85 , Oxford: Refugee Studies Centre, University of Oxford, 2012.

Betts, Alexander, Louise Bloom, und Nina Weaver. *Refugee Innovation: Humanitarian Innovation that Starts with Communities*. Oxford: Humanitarian Innovation Project, University of Oxford, 2015.

Betts, Alexander, und Louise Bloom. *Humanitarian Innovation: The State of the Art*. OCHA Policy and Studies Series 009, OCHA , New York: OCHA, 2014.

Beuerbach, Anica. *Projekt Missing Maps: So zeigen Sie humanitären Helfern den Weg*. 05.08.2016. https://www.greenpeace-magazin.de/nachrichtenarchiv/projekt-missing-maps-so-zeigen-sie-humanitaeren-helfern-den-weg (Zugriff am 22.11.2016).

Bloom, Louise, und Alexander Betts. *The two worlds of humanitarian innovation*. RSC Working Paper Series No. 94., Oxford: Refugee Studies Centre, University of Oxford, 2013.

Bloom, Louise, und Romy Faulker. *Innovation Spaces: Transforming humanitarian practice in the United Nations*. Working Paper Series No. 107 , Oxford Department of International Development, University of Oxford, University of Oxford : Oxford Department of International Development, 2015.

BMZ, Bundesministerium für wirtschaftliche Zusammenarbeit und Entwicklung. *Vereinte Nationen.* 2016. https://www.bmz.de/de/ministerium/wege/multilaterale_ez/akteure/uno/undp/index.html (Zugriff am 02.01.2017).

Bogner, Alexander, Beate Littig, und Wolfgang (Hrsg.) Menz. *Das Experteninterview: Theorie, Methode, Anwendung.* Bd. 2. Auflage. Wiesbaden: VS Verlag für Sozialwissenschaften, 2005.

Bornemann, Stefan. *Ansätze für Veränderungen: Von oben nach unten, andersrum oder quer durch?* 21.05.2014. http://www.lead-conduct.de/2014/05/21/ansaetze-fuer-veraenderungen/ (Zugriff am 24.11.2016).

Brown, Tim. *Change by Design: How Design Thinking Transforms Organizations and Inspires Innovation.* New York : HarperBusiness, 2009.

—. *Harvard Business Manager.* 27.10.2015. http://www.harvardbusinessmanager.de/blogs/ist-design-thinking-noch-wettbewerbsvorteil-a-1058921.html (Zugriff am 27.10 2016).

—. *Harvard Business Review.* 06 2008. https://hbr.org/2008/06/design-thinking (Zugriff am 25.10.2016).

Brown, Tim, und Jocelyn Wyatt. „Design Thinking for Social Innovation." (Stanford Social Innovation Review) 8, Nr. 1 (2010).

Bruns, Petra. *Die Post 2015-Agenda für nachhaltige Entwicklung: Eine kritisch-rationale Reflexion über ihre Auswirkungen auf die Entwicklungspolitik.* Herausgeber: Petra Bruns. Bd. Weltwirtschaft und internationale Zusammenarbeit. 17 Bde. Baden Baden: Nomos, 2015.

Bundesministerium für Umwelt, Naturschutz, Bau und Reaktorsicherheit (Hrsg.). 28.06.2016. www.bmub.bund.de/P3548/ (Zugriff am 18.08.2016).

Bundesministerium für wirtschaftliche Zusammenarbeit und Entwicklung (Hrsg.) . *BMZ.* 26.07.2016. http://www.bmz.de/de/ministerium/ziele/ziele/2030_age nda/index.html (Zugriff am 19.08.2016).

—. *Bundesministerium für wirtschaftliche Zusammenarbeit und Entwicklung.* 2015. http://www.bmz.de/de/ministerium/ziele/ziele/MDGs_20 15/index.html (Zugriff am 05.08.2016).

Bundesministerium für wirtschaftliche Zusammenarbeit und Entwicklung (Hrsg.). *Acht Ziele fuer ein besseres Leben weltweit - Die Milleniumsentwicklungsziele.* Bonn: Bundesministerium für wirtscahftliche Zusammenarbeit und Entwicklung (BMZ); Referat Öffentlichkeitsarbeit, digitale Kommunikation und Besucherdienst, 2015.

Christensen, Clayton M., Vanessa Kirsch, und Kim Syman. *The Huffington Post.* 01.07.2009. http://www.huffingtonpost.com/clayton-mchristensen/the-white-house-office- (Zugriff am 09.11 2016).

Cooper, Robert G. *Top oder Flop in der Produktentwicklung: Erfolgsstrategien: Von der Idee zum Launch.* Wiley-VCH Verlag, 2002.

Cooper, Robert G., und Elko J. Kleinschmidt. *New Products: The Key Factors in Success.* South-Western Pub, 1990.

Cooper, Robert G., und Scott J. Edgett. *Generating Breakthrough New Product Ideas: Feeding the Innovation Funnel.* Product Development Institute Inc., 2009.

Dean, Harald. „Building innovation capability in an intergovernmental aid organization: A case study of UNICEF's Innovation Unit." Oslo, 2015.

Denker, Inken, und Astrid Bräu. „Globale Entwicklungsziele: Ziele für eine globale nachhaltige Entwicklung." (Deutsche Gesellschaft für Internationale Zusammenarbeit (GIZ)) 02, Nr. 15 (2015).

Department for International Development (DFID). *Promoting Innovation and Evidence-Based Approaches to Building Resilience and Responding to Humanitarian Crisis.* London : DFID, 2012.

Department for International Development (DFID), und UK Aid . *Promoting innovation and evidence-based approaches to building resilience and responding to humanitarian crises:.* London: DFID , 2014.

Deutsches Zentrum für Luft- und Raumfahrt. *Technologien für humanitäre Hilfe.* 11.07.2016. http://www.dlr.de/dlr/desktopdefault.aspx/tabid-10212/332_read-18607/%20-%20/gallery/23692#/gallery/23692 (Zugriff am 22.11.2016).

Diamandis, Peter H., und Steven Kotler. *Bold: Groß denken, Wohlstand schaffen und die Welt verändern* . Kulmbach : Börsenmedien AG, 2015.

Dicke, Vera. *Internationale Beziehungen und Zusammenarbeit - Aid-Effectiveness-Debatte.* 18.01.2012. https://www.dandc.eu/de/article/von-rom-bis-busan-kurzueberblick-ueber-die-high-level-foren-aid-effectiveness (Zugriff am 19.09.2016).

Drucker, Peter. *Innovation and Entrepreneurship.* Reprint edition. New York : HarperBusiness, 2006.

Erbeldinger, Jürgen, und Thomas Ramge. *Durch die Decke denken: Design Thinking in der Praxis.* München: Redline, 2013.

Ericsson. *Ericsson Mobility Report.* Stockholm: Ericsson, 2015.

European Commission. *European Commission.* 25.09.2015. http://europa.eu/rapid/press-release_MEMO-15-5712_en.htm (Zugriff am 17.09.2016).

European Space Agency. *Satelliten unterstützen Rettungsmedizin in Krisengebieten.* 21.11.2002. http://www.esa.int/ger/ESA_in_your_country/Austria/Sate

lliten_unterstuetzen_Rettungsmedizin_in_Krisengebieten/(print) (Zugriff am 20.11.2016).

Fasulo, Linda. *An Insider's Guide to the UN*. Bd. 2nd Edition. New Haven/ London: Yale University Press, 2009.

Fichter, Klaus, und Ralph Hintemann. „Grundlagen des Innovationsmanagements." (Carl von Ossietzky Universität, Center für lebenslanges Lernen, C3L) 7. Auflage , Erstausgabe 2009 (2015).

Floridi, Luciano. *Die 4. Revolution - Wie die Infosphäre unser Leben verändert* . Berlin: Suhrkamp, 2015.

Gerpott, Torsten. *Strategisches Technologie- und Innovationsmanagement: Eine konzentrierte Einführung.* Stuttgart : UTB, 1999.

Gerstbach, Ingrid. *business-wissen.de.* 12. 04 2016. http://www.business-wissen.de/artikel/design-thinking-der-prozess-anhand-eines-beispiels-aus-der-praxis/ (Zugriff am 10. 27.10. 2016).

Girardi, Giancarlo. *Teamprove* . 21.062016. http://www.teamprove.de/blog/lean-startup-kuess-den-frosch (Zugriff am 10.24.2016).

Gläser, Jochen, und Grit Laudel. *Experteninterviews und qualitative Inhaltsanalyse.* Bd. 4. Auflage. Wiesbaden: VS Verlag für Sozialwissenschaften, 2010.

—. *Experteninterviews und qualitative Inhaltsanalyse.* Bd. 2. Auflage. Wiesbaden: VS Verlag für Sozialwissenschaften, 2006.

Gleich, Arnim von. „Risiko und Innovation." *Ökologisches Wirtschaften*, 2005, 4 Ausg.

Global Humanitarian Lab. *Enabling bottom-up innovation powered by people, partnerships and networks.* Genf: Global Humanitarian Lab, 2016.

Grots, Alexander, und Margarete Pratschke. „Design Thinking – Kreativität als Methode." (Marketing Review St. Gallen) 2-2009 (2009): 18-23.

Guéhenno, Jean-Marie. *Foreign Policy* . 03.01.2016. http://foreignpolicy.com/2016/01/03/10-conflicts-to-watch-in-2016/ (Zugriff am 09.11.2016).

Guerrini, Federico. *Transformation Through Innovation: Why The Humanitarian Ecosystem Needs To Change And Evolve.* 24. 12 2014. http://www.forbes.com/sites/federicoguerrini/2014/12/24 /do-they-know-its-christmas-how-humanitarian-innovation-can-help-transform-the-lives-of-the-poorest/#21ed8aa85c28 (Zugriff am 21.12.2016).

Hagenhoff, Svenja. *Innovationsmanagement für Kooperationen: Eine instrumentenorientierte Betrachtung.* Göttingen : Universitätsverlag Göttingen , 2008.

Hanhimäki, Jussi M. *The United Nations: A Very Short Introduction.* Bd. 1 edition . New York : Oxford University Press, 2008.

Hasso Plattner Institut . *Hasso Plattner Institut* . 13.10.2015. https://hpi.de/pressemitteilungen/2015/design-thinkingerste-grosse-studie-weist-erfolg-in-unternehmen-nach.html (Zugriff am 27.10.2016).

Hasso-Plattner-Institut Academy. *Hasso-Plattner-Institut Academy* . 2016. https://hpi-academy.de/design-thinking/was-ist-design-thinking.html (Zugriff am 25.10.2016).

Hauschildt, Jürgen. *Innovationsmanagement*. Bde. 2., völlig überarb. und erw. Aufl. München: Vahlen, 1997.

Hauschildt, Jürgen. *Innovationsmanagement*. 2., völlig überarb. und erw. Aufl. München: Vahlen, 1997.

Hauschildt, Jürgen, und Søren Salomo. *Innovationsmanagement*. 5., überarb., erg. u. aktualis. Auflage. München: Vahlen Handbücher der Wirtschafts- und Sozialwissenschaften, 2011.

Healy, Lynne M. *International social work - Professional action in an interdependent world*. 2nd ed. New York: Oxford University Press, 2008.

Heinzel, Lisa. *Welttag der humanitären Hilfe*. 19.08.2015. http://www.dgvn.de/meldung/19-august-2015-welttag-der-humanitaeren-hilfe/ (Zugriff am 10.02.2017).

Helfferich, Cornelia. *Die Qualität Qualitativer Daten: Manual für die Durchführung qualitativer Interviews*. Bd. 12. Auflage . Wiesbaden: VS Verlag für Sozialwissenschaften, 2010.

Heuzeroth, Thomas. *Warum es mehr Mobilfunkanschlüsse als Menschen gibt*. 17.11.2015. https://www.welt.de/wirtschaft/webwelt/article14892827

8/Warum-es-mehr-Mobilfunkanschluesse-als-Menschen-gibt.html (Zugriff am 22.11.2016).

Hüttebräuker, Peter. *Innovator's Guide Switzerland*. 27.02.2013. http://innovators-guide.ch/2013/02/design-thinking-2/ (Zugriff am 25.10.2016).

Institut für Demoskopie Allensbach. *Anzahl der Mobilfunkanschlüsse weltweit von 1993 bis 2016*. 2016. https://de.statista.com/statistik/daten/studie/2995/umfra ge/entwicklung-der-weltweiten-mobilfunkteilnehmer-seit-1993/ (Zugriff am 22.11.2016).

—. *Prognose zur Anzahl der Smartphone-Nutzer weltweit von 2012 bis 2020*. 2016. https://de.statista.com/statistik/daten/studie/309656/umf rage/prognose-zur-anzahl-der-smartphone-nutzer-weltweit/ (Zugriff am 22.11.2016).

Johnson, Steven. *Where good ideas come from: The natural History of Innovation* . New York : Penguin Group , 2010.

Kelley, David, und Tom Kelley. *Kreativität & Selbstvertrauen: Der Schlüssel zu Ihrem Kreativitätsbewusstsein*. Mainz : Hermann Schmidt, 2014.

Kelley, Tom. *The Ten Faces of Innovation: Strategies for Heightening Creativity*. London : Profile Books Ltd , 2008.

Kelley, Tom, und Jonathan Littman. *Das IDEO Innovationsbuch: Wie Unternehmen auf neue Ideen kommen*. München : Econ , 2002.

Kroll, Christian. *Die nachhaltigen Entwicklungsziele der UN: Sind die Industriestaaten bereit?* Gütersloh : Bertelsmann Stiftung , 2015.

Lafley, A. G., und Ram Charan. *The game-changer: How you can drive revenue and profit growth with innovation.* New York: Crown Business, 2008.

Lamnek, Siegfried. *Qualitative Sozialforschung: Methoden und Techniken (Band 2).* Bd. 3. Auflage. Weinheim: Beltz, Psychologie-Verlags-Union, 1995.

Lamnek, Siegfried, und Claudia Krell. *Qualitative Sozialforschung.* Bd. 6. Auflage . Weinheim/ Basel : Beltz, 2016.

Leiberich, Anna Miriam. *Mobiles Afrika - ein Wirtschaftswunder?* 15. 05 2014. http://www.globalmarshallplan.org/mobiles-afrika-ein-wirtschaftswunder (Zugriff am 22.11.2016).

Lexikon der Nachhaltigkeit. 15.10.2015. https://www.nachhaltigkeit.info/artikel/weltgipfel_rio_20_ rio_de_janeiro_2012_1419.htm (Zugriff am 19.08.2016).

Lötzer, Klaus D. *Perspektiven für die Entwicklungszusammenarbeit – Von der Pariser Erklärung 2005 zum high level Forum von Accra 2008.* Berlin: Konrad-Adenauer-Stiftung e.V, 2008.

Lühring, Norbert. *Koordination von Innovationsprojekten.* Wiesbaden: Deutscher Universitätsverlag, 2006.

Martens, Jens, und Wolfgang Obenland. *Die 2030-Agenda - Globale Zukunftsziele für nachhaltige Entwicklung.* Bonn: Global Policy Forum, 2016.

—. *Die 2030-Agenda - Globale Zukunftsziele für nachhaltige Entwicklung.* Bonn: Global Policy Forum & terre des hommes, 2016.

Mayer, Horst Otto. *Interview und schriftliche Befragung: Grundlagen und Methoden empirischer Sozialforschung: Grundlagen und Methoden empirischer Sozialforschung.* Bd. 6. Auflage. München: Oldenbourg Wissenschaftsverlag, 2012.

Menzel, Ulrich. *40 Jahre Entwicklungstrategien = 40 Jahre Wachstumsstrategien.* Herausgeber: Dieter Nohlen und Franz Nuscheler. Bd. Handbuch der Dritten Welt. Band 1, 3. völlig neu bearbeitete Aufl., S. 131-155 Bde. Bonn: J.H.W. Dietz, 1992.

—. *Paulo Freire Zentrum.* 23.05.2007. http://www.pfz.at/article508.htm (Zugriff am 19.09.2016).

Moyo, Dambisa. *Dead aid: Why aid makes things worse and how there is another way for Africa.* London: Penguin, 2010.

Müller, Joachim. *Reforming the United Nations: The Quiet Revolution.* Herausgeber: Joachim Müller. Den Haag: Kluwer Law International, 2001.

Müller-Prothmann, Tobias, und Nora Dörr. *Innovationsmanagement. Strategien, Methoden und Werkzeuge für systematische Innovationsprozesse.* München: Carl Hanser Verlag GmbH & Co. KG, 2009.

Murray, Sarah. *Financial Times* . 19.062014. https://www.ft.com/content/5e98997a-f182-11e3-9161-00144feabdc0 (Zugriff am 09.11.2016).

Nabarro, David, und Sarita Nayyar. *Think globally, act locally to meet development goals.* 20.01.2016. https://www.weforum.org/agenda/2016/01/think-globally-and-act-locally-to-achieve-the-sustainable-development-goals/ (Zugriff am 30.11.2016).

Neubert, Dieter. *Entwicklungspolitische Hoffnungen und gesellschaftliche Wirklichkeit: Eine vergleichende Länderfallstudie von afrikanischen Nicht-Regierungsorganisationen in Kenia und Ruanda .* Frankfurt: Campus Verlag, 1997.

Nuscheler, Franz. „Die umstrittene Wirksamkeit der Entwicklungszusammenarbeit." INEF-Report 93/2008, Institut für Entwicklung und Frieden (INEF) , Universität Duisburg-Essen , Duisburg, 2008, 48.

Nussmayr, Katrin. *Entwicklungshilfe: Prothesen aus dem 3D-Drucker.* 23.08.2015. http://diepresse.com/home/alpbach/4805141/Entwicklungshilfe_Prothesen-aus-dem-3DDrucker (Zugriff am 21.11.2016).

o.V. *3M.* 28.12.2010. http://die-erfinder.3mdeutschland.de/innovationsprozesse/das-ist-typisch-klassische-und-neue-modelle-fuer-den-innovationsprozess (Zugriff am 20.10.2016).

—. *Drop blood not bombs: Drones to deliver emergency medicine to Rwanda .* 10. 05 2016. http://on.rt.com/7c8b (Zugriff am 02.12.2016).

—. *Startplatz.* 08.02.2016. http://www.startplatz.de/startup-wiki/lean-startup-methode/ (Zugriff am 24.10.2016).

Obrecht, Alice, und Alexandra T. Warner. *More than just luck: Innovation in humanitarian action.* London : ALNAP & Humanitarian Innovation Fund, 2016.

Obser, Andreas, und Stefanie Schure. *Herausforderungen an multilaterale Organisationen durch neue Formen der internationalen Entwicklungszusammenarbeit.* Herausgeber: Helmut Volger und Norman Weiß. Bde. Die Vereinten Nationen vor globalen Herausforderungen: Referate der Potsdamer UNO-Konferenzen 2000–2008. Potsdam: Universitätsverlag Potsdam, 2011.

OCHA. *Big data and humanitarianism: 5 things you need to know.* 27.06.2013. http://www.unocha.org/top-stories/all-stories/five-things-big-data-and-humanitarianism (Zugriff am 22.11.2016).

OCHA. *Humanitarianism in the network age.* OCHA Policy and studies series , New York : OCHA , 2013.

OCHA. *Saving Lives Today And Tomorrow: Managing the Risk of Humanitarian Crisis.* OCHA Policy and Studies Series, New York: OCHA, 2014, 98.

OCHA. *Unmanned Aerial Vehicles in Humanitarian Response.* New York : OCHA Polocy and Studies Series , 2014.

OCHA. *World Humanitarian Data and Trends 2015.* New York: OCHA, 2015.

Oestereich, Bernd. *oose Innovative Informatik*. 22.11.2011. http://www.oose.de/blogpost/wie-funktioniert-design-thinking/ (Zugriff am 25.10.2016).

Öhlschläger, Rainer, und Hartmut Sangmeister. *Krisenhilfe oder Hilfe in Krisen? Entwicklungszusammenarbeit mit Krisenländern.* Öhlschläger, Rainer, (editor.), Sangmeister, Hartmut, (editor.). Bd. Weltwirtschaft und internationale Zusammenarbeit. 18 Bde. Baden-Baden: Nomos, 2016.

O'Sullivan, David, und Lawrence Dooley. *The Innovation Funnel: Planning Change in Any Organization.* First Edition. National University of Ireland Galway, 2015.

Pfitzenmaier, Gerd. *Die vergessene Katastrophe 2012 – Taifun Bopha.* 19.02.2013. http://globalmagazin.com/blog/die-vergessene-katastrophe-2012-taifun-bopha/ (Zugriff am 21.11.2016).

Picot, Arnold., Ulf D. Laub, und Dietram Schneider. *Innovative Unternehmensgründungen : eine ökonomisch-empirische Analyse.* Berlin; New York: Springer-Verlag, 1989.

Plattner, Hasso, Christoph Meinel, und Ulrich Weinberg. *Design Thinking: Innovation lernen - Ideenwelten öffnen.* München : FinanzBuch Verlag, 2009.

Poguntke, Sven. *Gabler Wirtschaftslexikon.* Springer Gabler Verlag. 2015. http://wirtschaftslexikon.gabler.de/Archiv/-2046631401/design-thinking-v2.html (Zugriff am 25.10.2016).

Pötzsch, Horst. *Vereinte Nationen*. 15.12.2009. http://www.bpb.de/politik/grundfragen/deutsche-demokratie/39409/vereinte-nationen?p=all (Zugriff am 28. 12.2016).

Poushter, Jacob. *Cell Phones in Africa: Communication Lifeline*. Washington: Pew Research Center, 2015.

Pratt, Mary K. *Big data's big role in humanitarian aid*. 08.02.2016. http://www.computerworld.com/ (Zugriff am 20.11.2016).

PricewaterhouseCoopers. *Make it your business: Engaging with the Sustainable Development Goals*. London: PwC, 2015.

Ramalingam, Ben , et al. *Strengthening the Humanitarian Innovation Ecosystem - Humanitarian Innovation Ecosystem Research Project*. Department for International Developmment, Brighton : Centre for Research in Innovation at the University of Brighton , 2015.

Ramalingam, Ben, Kim Scriven, und Conor Foley. „Innovations in international Humanitarian Action." In *ALNAP 8th Review of Humanitarian Action: Performance, Impact and Innovation* , von ALNAP. London: ALNAP, 2009.

Ramalingam, Ben, und Kirsten Bound. *Innovation for International Development*. London: Nesta, 2016.

Richters, Kim. „*Es gibt 20-mal so viele Smartphone-User wie hungernde Kinder"*. 30.06.2015. http://www.gruenderszene.de/allgemein/share-the-meal-deutschland-launch (Zugriff am 20.12.2016).

Ries, Eric. *Startup Lessons Learned.* 27.09.2010. http://www.startuplessonslearned.com/2010/09/good-enough-never-is-or-is-it.html (Zugriff am 24. 10 2016).

—. *TechCrunch.* 19.10.2011. https://techcrunch.com/2011/10/19/dropbox-minimal-viable-product/ (Zugriff am 24.10.2016).

—. *The Lean Startup: How Constant Innovation Creates Radically Successful Businesses.* Portfolio Penguin, 2011.

Roberts, Edward B. „Managing Invention and Innovation." (Research Technology Management) 31, Nr. 1 (1988): 11-29.

Rüggeberg, Harald, und Kjell Burmeister. *Innovationsprozesse in kleinen und mittleren Unternehmen.* Working Paper , Business & Management, Berlin School of Economics, Berlin: Institute of Management Berlin at the Berlin School of Economics, 2008.

Saunders, Mark, Philip Lewis, und Adrian Thornhill. *Research Methods for Business Students.* Bd. 7. Auflage. Edinburgh: Financial Times Prent., 2015.

Scherber, Stefan, und Michael (Herausgeber) Lang. *Erfolgsfaktoren wirklich agiler Unternehmen: Erfahrungsberichte aus der Praxis.* Düsseldorf: Symposion Publishing , 2015.

Scherer, Katja. *Brand Eins* . 11 2014. https://www.brandeins.de/archiv/2014/scheitern/warum-gehen-grossen-unternehmen-die-ideen-aus/ (Zugriff am 27.10.2016).

Scheuermann, Manuela. *Die Vereinten Nationen: Eine Einführung.* Wiesbaden: Springer VS, 2014.

Schmid, Kurt. *Entwicklungshilfe ein humanitärer Akt oder Beihilfe zum Mord?.* Norderstedt: BoD - Books on Demand , 2015.

Schnell, Rainer, Paul B. Hill, und Elke Esser. *Methoden der empirischen Sozialforschung.* Bd. 6. Auflage. München/ Wien: Oldenbourg Verlag, 1999.

Schrapers, Harald, und Jasmin Hihat. *Diskussion über Friedensethik im 21. Jahrhundert.* 15.04.2016. http://www.spdfraktion.de/themen/tagung-friedensethik-aussenpolitik-verantwortung-21-jahrhundert (Zugriff am 13.09.2016).

Schumpeter, Joseph. *Konjunkturzyklen: eine theoretische, historische und statistische Analyse des kapitalistischen Prozesses.* Göttingen: Vandenhoeck & Ruprecht, 1961.

—. *Theorie der wirtschaftlichen Entwicklung.* Leipzig: Duncker & Humblot, 1912.

ShareTheMeal. *ShareTheMeal.* 2016. https://sharethemeal.org/de/ (Zugriff am 28.12.2016).

Singularity University . *Food in Emergencies, a Global Impact Challenge.* 18.01.2017. https://su.org/gic/2017/wfp/ (Zugriff am 19.01.2017).

—. *Welcome to Singularity University Labs.* Singularity University. 2016. https://su.org/su-labs/ (Zugriff am 12.01.2017).

Soares, Philipp Alvares de Souza. *Manager Magazin.* 22.01.2016. http://www.manager-magazin.de/magazin/artikel/design-thinking-eine-kreativitaetstechnik-erobert-konzernzentralen-a-1086472.html (Zugriff am 27.10.2016).

Social Media Institute. *Übersicht aktueller Social Network Statistiken.* 29. 07 2016. http://socialmedia-institute.com/uebersicht-aktueller-social-media-nutzerzahlen/ (Zugriff am 22.11.2016).

Stackelbeck, Martina. „ExpertInneninterviews zur Wirkung von Langzeitarbeitslosigkeit." In *Angewandte empirische Methoden: Erfahrungen aus der Praxis,* von Ralf (Hrsg.) Kopp, Georg (Hrsg.) Langenhoff und Antonius (Hrsg.) Schröder. Dortmund : Sozialforschungsstelle Dortmund Landesinstitut, 2000.

Steed, Ian. *Cambridge and international development: The ideas, the people, the impact.* 2010 report: Innovation in international development, Cambridge: The Humanitarian Centre, 2010.

Tan, Hui Yee. *Technology changing disaster aid and delivery.* 22.06.2015. http://www.straitstimes.com/asia/south-asia/technology-changing-disaster-aid-and-delivery (Zugriff am 02.12.2016).

Tidd, Joe, und John Bessant. *Managing innovation: integrating technological, market and organizational change.* Chichester : John Wiley & Sons Inc, 2009.

Tischer, Simon. *Mit Startup-Methoden gegen den Hunger: UN WFP eröffnet Accelerator in München.* 14.09.2016. http://www.munich-startup.de/14258/mit-startup-methoden-gegen-den-hunger-un-wfp-eroeffnet-accelerator-in-muenchen/ (Zugriff am 05.01.2017).

Tischler, Linda. *Fast Company* . Fast Company . 02.01.2009. https://www.fastcodesign.com/1139331/ideos-david-kelley-design-thinking (Zugriff am 25.10.2016).

Trumpf, Steffen. *Welt.* 21.09.2014. https://www.welt.de/wissenschaft/article132458162/Die-Ziele-die-die-Menschheit-nicht-erreicht-hat.html (Zugriff am 15.09.2016).

Twomey, Matt. *CNBC* . 11.11.2013. http://www.cnbc.com/2013/11/11/cashless-africa-kenyas-smash-success-with-mobile-money.html (Zugriff am 27.11.2016).

UN. *About the UN.* 11. 12 2016. http://www.un.org/en/about-un/index.html (Zugriff am 28.12.2016).

UN Global Compact & Accenture. *The UN Global Compact-Accenture Strategy CEO Study 2016. Agenda 2030: A Window of Opportunity.* New York: UN Global Compact & Accenture Strategy, 2016.

UNDP. *Innovation* . 14.02.2016. http://www.undp.org/content/undp/en/home/ourwork/development-impact/innovation.html (Zugriff am 28.12.2016).

UNHCR. *Global Trends - Forced Displacement in 2015* . Genf : UNHCR, 2016.

UNHCR. *NHCR's Global Strategic for 2014-2015.* Genf: UNHCR, 2013.

UNICEF. *Kindersterblichkeit: 5,9 Millionen Kinder sterben im Jahr* . 09. 09 2015. https://www.unicef.de/informieren/aktuelles/presse/2015 /kindersterblichkeit/87024 (Zugriff am 10.02.2017).

—. *Strategic Plan 2014-2017*. 07.08.2014. https://www.unicef.org/strategicplan/ (Zugriff am 24.01.2017).

UNICEF. *UNICEF Innovation Annual Report 2014*. New York : UNICEF, 2014.

UNICEF. *UNICEF Strategic Plan 2014-2017*. New York : UNICEF , 2014.

United Nations . „Innovation in the UN." *Joint Meeting of the Executive Boards of UNDP/UNFPA/UNOPS, UNICEF, UN-Women and WFP*. New York, 2015.

—. *UN System of Organizations*. 2015. http://www.un.org/en/aboutun/structure/pdfs/UN_Syste m_Chart_30June2015.pdf (Zugriff am 28.12.2016).

United Nations High Commissioner for Refugees. *Global Trends: Forced Displacement in 2015*. Geneva: UNHCR, 2016.

United Nations High Commissioner for Refugees. *Global Trends: Forced Displacement in 2015*. Geneva: UNHCR, 2016.

United Nations. „Transforming our world: the 2030 Agenda for Sustainable Development." New York, 2015.

—. *UN.org*. 2015. https://sustainabledevelopment.un.org/sdgs (Zugriff am 20.08.2016).

UNRIC. *Weltbank: Extreme Armut geht weiter zurück*. 2016. http://www.unric.org/de/uno-schlagzeilen/27631-

weltbank-extreme-armut-geht-weiter-zurueck (Zugriff am 10.02.2017).

Vahs, Dietmar, und Ralf Burmester. *Innovationsmanagement: Von der Produktidee zur erfolgreichen Vermarktung.* Stuttgart: Schäffer-Poeschel, 2002.

Van de Ven, Andrew H. „Central Problems in the Management of Innovation." *Management Science* (INFORMS) Management Science, Vol. 32, No. 5, S. 590-607 (1986): 591.

Venohr, Sascha, und Lea Frehse. *Zeit Online* . 24.05.2016. http://www.zeit.de/politik/ausland/2016-05/humanitaere-hilfe-weltweit-grafik (Zugriff am 09.11.2016).

Vereinte Nationen (Hrsg.). *Millenniums-Entwicklungsziele: Bericht 2015.* New York: Vereinte Nationen, 2015.

Vertretung der Europäischen Kommission in Deutschl. *Erster Weltgipfel für humanitäre Hilfe in Istanbul soll internationale Hilfe neu gestalten.* 20.05.2016. https://ec.europa.eu/germany/news/erster-weltgipfel-f%C3%BCr-humanit%C3%A4re-hilfe-istanbul-soll-internationale-hilfe-neu-gestalten_de (Zugriff am 11.02.2017).

Vlaskovits, Patrick. *Harvard Business Review.* 29.08.2011. https://hbr.org/2011/08/henry-ford-never-said-the-fast (Zugriff am 25.10.2016).

von Au, Dominik. *Strategisches Innovationsmanagement - Eine empirische Analyse betrieblicher Innovationssysteme in der* spezialchemischen Industrie in Deutschland. Wiesbaden: Gabler, 2011.

—. Strategisches Innovationsmanagement: Eine empirische Analyse betrieblicher Innovationssysteme in der spezialchemischen Industrie in Deutschland. Wiesbaden: Gabler, 2011.

WFP. WFP Strategic Plan 2008-2013. Rom: WFP, 2007.

—. WFP Strategic Plan 2017-2021. 14.11.2016. https://www.wfp.org/about/strategic-plan (Zugriff am 24.01.2017).

Whipkey, Katie, und Andrej Verity. Guidance for Incorporating Big Data into Humanitarian Operations". New York : Digital Humanitarian Network , 2015.

Woll, Artur. Gabler Wirtschaftslexikon. Herausgeber: Springer Gabler Verlag. o. J. http://wirtschaftslexikon.gabler.de/Archiv/2787/keynes-v8.html (Zugriff am 19.09.2016).

World Food Programme . Aktuelles. 11.07.2016. http://de.wfp.org/neuigkeiten/pressemitteilungen/wfp-eroeffnet-innovation-accelerator (Zugriff am 29.12.2016).

—. Hunger Map. 2015. https://www.wfp.org/content/hunger-map-2015 (Zugriff am 27.12.2016).

—. WFP Innovation Accelerator: Neue Lösungswege für eine Welt ohne Hunger. 18.06.2016. http://de.wfp.org/%C3%BCber-wfp/wfp-innovation-accelerator (Zugriff am 11. 02.2017).

—. WFP Uses Innovative Iris Scan Technology To Provide Food Assistance To Syrian Refugees In Jordan. 22.11.2016.

https://www.wfp.org/news/news-release/world-food-programme-uses-innovative-iris-scan-technology-provide-food-assistance- (Zugriff am 16.02.2016).

World Food Programme. *Speeches.* 30.09.2014. https://www.wfp.org/eds-centre/speeches/remarks-wfp-executive-director-ms-ertharin-cousin-unhcr-65th-executive-committee (Zugriff am 27.12.2016).

—. *Über WFP.* 2016. http://de.wfp.org/%C3%BCber-wfp (Zugriff am 29.12.2016).

World Humanitarian Summit . *Transformation through innovation.* 16. 05 2016. http://blog.worldhumanitariansummit.org/theme/innovation/ (Zugriff am 18.12.2016).

Ziai, Aram. *Zwischen Global Governance und Post-Development Entwicklungspolitik aus diskursanalytischer Perspektive.* Münster: Westfaelisches Dampfboot, 2006.

Anhang

Anhangsverzeichnis

Anhang 1: Gesprächsleitfaden Experteninterviews

Gesprächsleitfaden Experteninterviews –

„Innovationen als Schlüssel für humanitäre Organisationen: Status
quo und die Entwicklung von Erfolgsdeterminanten"

Experte: _____
Position/ Projekt: _____
Abteilung, Ort: _____
Organisation: _____

Interviewer: _____
Datum: _____
Zeit: _____
Ort: _____

– Aufzeichnung starten –

a) Vorbemerkungen *5 Minuten*

1. Organisatorisches
   Danken für Zeit und Interesse, keine Antwort-

   pflicht, auf Aufzeichnung des Interviews hinwei-

   sen,

2. Vorstellung der Teilnehmer
   Meine Person und dann Interviewpartner

   Aktuelle Position, Tätigkeit und insbesondere

   Knowhow zum Thema

humanitäre Hilfe und Innovation

3. **Hinführung zum Thema**
   Masterthesis & Forschungslücke

   Ziele des Interviews: Anforderungen an humanitäre Innovationen in der Praxis; Angebot: Mittei-
   lung der Ergebnisse falls gewünscht

b) Innovationszentrum und Projekte   *10 Minuten*

1. **Sinn und Zweck der Innovationsabteilung**
   Entstehung, Standort und Räumlichkeiten, Anzahl
   Mitarbeiter vor Ort

2. **Philosophie und Arbeitsweise**
   Vorgehen, Arbeitsweise und Strategie, Einsatz von
   Instrumenten (z. B. Fab lab, incubator, accelera-
   tor),

3. **Wie entstehen neue Projekte**
   Anforderungen an neue Projekte, Verfahren und
   Techniken zur Projektauswahl, woher kommen die
   Ideen, wie und wo werden sie umgesetzt

4. **Welche Projekte gibt es aktuell**

   Entstehung, Vorgehen und Ablauf von Projekten

   Projektportfolio (Name, Gründung, Land)

   Was ist das erfolgreichste Projekt und warum

5. **Ziele und Projekterfolg (Erfolgsfaktoren)**
   Indikatoren für den Projekterfolg/ -misserfolg

   Gibt es ein Projektcontrolling, wenn ja wie sieht das aus

c) Innovationen im humanitären Bereich   *10 Minuten*

1. Warum werden innovative Ideen und neue Lösungsansätze benötigt und wo besteht der größte Handlungsbedarf

2. Was sind die neuesten Technologietrends mit den größten Auswirkungen im humanitären Bereich
Aktuell und in der Zukunft + Beispiele

3. Innovationsprozesse
Können die traditionellen Innovationsmethoden/ -instrumente 1:1 im humanitären Sektor angewandt werden? (z. B. Human-Centered Design und Lean Startup)

4. Zusammenarbeit und Austausch
Bestehen Kooperationen mit dem privaten Sektor und anderen Organisationen, Zusammenarbeit mit dem Landesbüro/ Endnutzer, welche Rollen spielen Regierungen

5. Herausforderungen und Hindernisse
Probleme bei der Einführung und Umsetzung neuer Technologien

6. Faktoren für erfolgreiche Innovationen
Allgemeine Erfolgsfaktoren

d) Abschließende Fragen   *5 Minuten*

Verschiedene Fragen zum Thema, die schnell „aus dem Bauch raus" beantwortet werden sollen, es geht darum abschließende Einschätzung zu erhalten.

1. Was bedeutet „Innovation" für Sie und was verbinden Sie damit?
2. Humanitäre Organisationen müssen sich neu erfinden, sind sie schon bereit dafür? Und ist der „innovation change" schon angekommen?
3. Können die SDGs ohne Innovationen erreicht werden?
4. Innovationen im humanitären Bereich „Spiel mit dem Feuer" oder Chance für eine gerechtere Welt?

– Aufzeichnung stoppen –

Anhang 2: Gesprächsprotokoll: Olivier Delarue

Experte:	Olivier Delarue
Position/ Projekt:	Chief Executive Officer
Organisation, Ort:	Global Humanitarian Lab, Genf
Interviewer:	Michael Streitmayer
Datum:	19. Dezember 2016
Zeit:	16:08 – 17:11 Uhr
Ort:	Telefon (keine Audioaufnahme)

Hintergrund

 Olivier Delarue hat seit Mai 2016 den Global Humanitarian Lab (GHL) Vorsitz. GHL wurde im selben Jahr beim Humanitarian Summit in Istanbul gegründet. Olivier Delarue bezeichnet sich selbst als Intrapreneur und leidenschaftlichen UN Mitarbeiter. Er hat nahezu seine gesamte Berufslaufbahn bei humanitären Organisationen verbracht: 20 Jahre bei UNHCR und 3 Jahre beim World Food Programme

GHL: Zusammenarbeit von verschiedenen UN Organisationen, Red Cross und NGOs; dabei werden Projekte/ Innovationen (hauptsächlich aus dem Bereich Industrie 4.0) identifiziert und teilw. gemeinsam umgesetzt, aktuell wird an 15 Projekten gearbeitet -> Ziel ist es gemeinsame Synergien zu nutzen (levarage Effekt)

Zukunftsaussicht: Zukünftig wird es 40% weniger Mitarbeiter im humanitären Bereich geben als aktuell: „don't ship food anymore, they will print it out (3D Drucker)", „empower people more than before", „mobile phone and computer are already affordable in developing countries"

Jährliche Ausgaben in Innovationen:

- Humanitärer Sektor: 0,01%   zu wenig im humanitären Bereich
- Wein Industrie: 0,1%
- Technologiesektor: 15,0%

Was bedeutet Innovation: „A change to add value"

Ansatz: Bottom-Up-Approach

Innovationen: Finden nicht nur in Innovationsprojekten im Feld statt, sondern zu allererst im eigenen Unternehmen/ Organisation z. B. Barcoding: gerade mal 35% aller Waren in UN Organisationen sind mit einem Barcode versehen (bedeutet: mehr Arbeit beim Verladen/ Umladen, es werden mehr Mitarbeiter benötigt, doppelte Arbeit etc.). „We are not looking outside the organization. It has a tremendous effect on cost saving, speed and effectiveness". Bei Innovationen wird immer an große Veränderungen gedacht. Allerdings sollten wir uns lieber auf die „small changes" konzentrieren, die in der Regel einfach und schneller umsetzbar sind. Technology Trends: Do it yourself und Industry 4.0

Anhang 3: Gesprächsprotokoll: Sebastian Stricker

Experte: Sebastian Stricker
Position/ Projekt: Mitgründer und Leiter ShareTheMeal
Abteilung, Ort: ShareTheMeal, Berlin
Organisation: UN World Food Programme

Interviewer: Michael Streitmayer
Datum: 05. Dezember 2016
Zeit: 19:00 – 19:31 Uhr
Ort: Telefon (Audioaufnahme)

Hintergrund

Die Macher von ShareTheMeal (Sebastian Stricker und Bernhard Kowatsch) wollen mit ihrer Non-Profit-App den Hunger in der Welt bekämpfen. Der App-Nutzer kann mit wenigen Klicks Geld spenden.

Für 40 Cent können Mahlzeiten mit Schulkindern in Entwicklungsländern „geteilt" und die Kinder somit für einen Tag ernährt werden. „Als wir dann noch verstanden haben, dass es 20-mal so viele Smartphone-User wie hungernde Kinder gibt, war die Idee für die App geboren." (Richters 2015).
Sebastian Stricker explains: Share The Meal

ShareTheMeal

- Ist eine Initiative des UN World Food Programmes und wird vom WFP Innovation Accelerator unterstützt
- Die mit Abstand größte und am weit verbreitetsten Fundraising App
- Die App ist eine klassische Startup Idee. Verstanden, dass es 20-mal so viele Smartphone-User wie hungernde Kinder gibt

Arbeitsansatz

Eric Ries Lean Startup, dabei wird versucht Hypothesen getrieben mit Innovation Accounting und User Interviews zu arbeiten.

Projektecontrolling mit Hilfe von cohort Analyse zu Deutsch Kohortenanalyse. 5 KPIs für Marketing und Produkt werden wöchentlich analysiert und ausgewertet

Erfolgsrezept (für ein Startup Projekt):

- Team
- Richtige Idee zur richtigen Zeit
- Lean Startup Ansatz hilft um sich richtig zu strukturieren

Ziele/ Scalability

- Weiterhin innovativ bleiben
- Engere Zusammenarbeit mit dem WFP, da sehr viel Potential
- Synergien mit der Organisation teilen (Notwendigkeit)
- Das Kernkonzept der App hat sehr viel Potenzial für Kommunikationsabteilung und weiteren Bereichen
- Partnerschaften/ Zusammenarbeit mit privaten Sektor und anderen Organisationen sehr spannend (Unterstützung sehr hilfreich). Zusammenarbeit oft sehr schwierig und bürokratisch

Innovation Change

Innovationen sichtbarer als früher, in der externen Wahrnehmung (u.a. Eröffnung WFP Innovation Accelerator, Medieninteresse an Share The Meal aus aller Welt). Innovationen im humanitären Sektor genießen momentan eine große Aufmerksamkeit

Technology Trends

- Es gibt viele verschiedene interessante Themen-
felder
- Spannendes Themengebiet: digital money
  o Blockchain
  o Money Transfer
  o Cash and voucher transfer
  o Direct donor and beneficiary linking
  o Social impact bonds (das sind sektoren-
  übergreifende Partnerschaften)

Anhang 4: Gesprächsprotokoll: Benjamin Kumpf

Experte:	Benjamin Kumpf
Position/ Projekt:	Policy Specialist for Innovation
Abteilung:	UNDP Innovation
Organisation, Ort:	UNDP, New York

Interviewer:	Michael Streitmayer
Datum:	19. Dezember 2016
Zeit:	15:04 – 15:37 Uhr
Ort:	Skype (Audioaufnahme)

Hintergrund

Benjamin Kumpf arbeitet seit 2009 bei UNDP in New York. Er ist ein Politikspezialist für Innovation im UNDP-Büro für Politik und Programmunterstützung. Er erforscht Themen wie verhaltensökonomische Erkenntnisse, humancentered Design, Big Data und andere praktische Möglichkeiten, um auf die Komplexität in der Entwicklungsarbeit zu reagieren. Er ist der Projektleiter für UNDP's Innovation Facility (Innovationsabteilung) und verbindet neue/ externe Partner auf globaler Ebene mit den UNDP-Büros, „to change business as usual". Benjamin Kumpf explains: What's it like to be an innovation specialist at UNDP?

UNDP Innovation Facility

Die Einrichtung bietet der Organisation und ihren Mitarbeitern auf der ganzen Welt technische und finanzielle Unterstützung zur Erforschung und Erprobung neuer Ansätze für immer komplexer werdende Entwicklungsprobleme.

Innovation Fund

Ein kleines Team (5 Mitarbeiter global verteilt) arbeiten im Startup style, neue Wege gehen ist das Ziel. Innovation Challenges identifiziert und gemeinsam mit Innovations-Spezialisten in den Country Offices vor Ort werden mit Hilfe von „funding" Innovationsprojekte vorangetrieben. Auf Grundlage von internen Ideen/ Projekten (1. Proposal 2. Hypothese 3. neues testen) wird bis max. 6000$ „seed funding" (early stage) unterstützt und technische Hilfe angeboten. Zum Beispiel data innovation, MVP für ein real time information system, behavioural insights experiment. Seit 2014 werden so über 150 Projekte in 75 Länder unterstützt.

Erfolgsfaktoren für Projekte

- Projekte müssen Development Impact haben, es gibt keinen Standard dafür, Messinstrumente je nach Thema/ Land
- Würde der Partner/ Regierung den neuen Ansatz/ Idee weiter finanzieren?
- Wie und wo kann skaliert werden (u.a. scaling partner)?
- Keine Finanzierung für einzelne Champions, das Team muss stimmen
- Team mit verschiedenen Kompetenzen und Fähigkeiten
- Fokus auf development change (and not on the solution) -> Formulierung von Hypothesen
- Zusammenarbeit mit dem Country Office vor Ort -> technische Unterstützung kann schnell und direkt vor Ort erfolgen
- Die Idee an sich ist gar nicht so relevant, meistens kommt es auf den Prozess dahinter an: testen, user-centered design, Prototype -> „challenge the assumptions about the greatness of the idea than the greatness of the idea itself"
-

Big data

Im humanitären Bereich extrem viele Daten über die mit Hilfe von u.a. Universitäten Analysen und Prognosen erstellten werden können. Erhebung von Daten vs. Entscheidungsfindung...Leute müssen diese Daten verwenden und die richtigen Schlüsse daraus ziehen

Technology Trends

- Im Sudan werden mit Hilfe von Datenauswertungen zum Stromverbrauch (satellite images of night time lighting) und Telefon-Aufladekarten Annahmen über die Armutsquote pro Haushalt getroffen
- In Serbien Blockchain Experiment zur Essensausgabe und Flüchtlingsmanagement
- Drohnenexperimente zum Thema Rodung in Kolumbien und in Mazedonien zur Landwirtschaft und in Indonesien wird mit Infrarot die Reisqualität gemessen dabei werden die Daten an Bauern geschickt und Tipps zum Säen und Düngen gegeben
- Fernerkundung (remote sensing)

Innovation Change

Es muss schneller experimentiert und gelernt werden und schneller Feedback gegeben werden (faster feedack loops). Intervention ist der richtige, aber kommt die Lösung überhaupt an u.a. mit Fernerkundung bei medical supplies?

„Innovation ist harte Arbeit und selten sexy"

Innovation Change ist noch nicht genug angekommen. Das Finanzierungsabkommen der Spende sollte ein gewisser Prozentsatz an Freiheit beinhalten, bei dem die Organisationen das machen können was sie wollen wenn bestimmte Ziele erreicht werden. Die Abkommen sind bisher noch zu starr an Ergebnisse und den Weg dorthin geknüpft.

Es ist nicht möglich im Bereich Entwicklung/ Innovation 4 Jahre in die Zukunft zu planen, wenn die Ziele so starr sind (kaum Zeit für Pivot). Impact Bons/ Impact Investments und pay for success gehen in die richtige Richtung um Innovationen weiter zu fördern.

Anhang 5: Gesprächsprotokoll: Milja Laakso & Christopher Szymczak

Experte:	Milja Laakso & Christopher Szymczak
Position/ Projekt:	Teamleitung Innovation & Virtual Reality
Abteilung:	UNICEF Innovation
Organisation, Ort:	UNICEF, New York
Interviewer:	Michael Streitmayer
Datum:	20. Dezember 2016
Zeit:	15:03 – 15:45
Ort:	Skype (Audioaufnahme)

Hintergrund

  Milja Laakso ist seit 2015 Teamleiterin von UNICEF Innovation in New York. Sie arbeitete zuvor für UNICEF in Nicaragua und für Save the Children in Finnland.

Christopher Szymczak arbeitet seit 2015 in der UNICEF Innovation Abteilung in New York (zuvor bei Google). Er ist Veranstaltungsleiter der Vortragsreihe „UNICEF Innovation", Virtual Reality (VR) Experte und leidenschaftlicher Netzwerker.

UNICEF Innovation

Die UNICEF Innovation Abteilung besteht aus einem interdisziplinären Team an verschiedenen Standorten der Welt, die sich mit der Identifizierung (Seed- und Early Stage-Finanzierung), Prototypenentwicklung und Skalierung von Technologien und Praktiken beschäftigen (u.a. vor Ort in Nairobi, Kampala, Bangkok), um so die Entwicklung der humanitären Arbeit von UNICEF zu unterstützen und zu stärken. Der neu gegründete UNICEF-Innovationsfonds bietet finanzielle Ressourcen für Innovationsprojekte.

Innovation bedeutet: „doing your job well"

Technology Trends

Ein kleines UNICEF Innovationsteam arbeitet und forscht in San Francisco gemeinsam mit Partnern aus der Technologiebranche (u.a. mit Google, Tesla, HP, Intel, IDEO und Apple) an zukünftigen Technologie Trends. Dabei wurden die folgenden Forschungsbereiche identifiziert:

- Mobile Finanzdienstleistungen (z. B. mobilfunkbasierende Bezahlung) und digitale Währungen (u.a. Bitcoin),
- tragbare Sensortechnik (z. B. um Gesundheitsdaten in Echtzeit zu übermitteln),
- Transportwesen und Lieferung und
- Identifizierung (Biometrie) und Bildung (VR).

Erfolgsfaktoren von UNICEF Innovation

- Die Teams vor Ort arbeiten eng mit den jeweiligen UNICEF Länderbüros zusammen
- Innovation Hubs und Ansprechpartner für Innovation vor Ort unterstützen lokale Teams/ Projekte und treiben die Innovationsstrategie aktiv voran
- Um Dialog und Austausch zu fördern findet viermal im Jahr ein Networking Event/ Workshop mit ausgewählten Unternehmen, Organisationen und Regierungen zu unterschiedlichen Themen z. B. big data statt. Ziel der „diversity panels" ist es Vielfalt (engl. diversity) zu fördern und voranzutreiben.
- Es werden Networking Events zum Thema „neue Lösungen für den Entwicklungssektor" mit Studenten und Berufsanfängern veranstaltet.
- Data Lab: Workshops innerhalb der UN Organisationen um ein besseres Verständnis zu den Themen „Partnerschaften mit dem privaten Sektor und Regierungen" oder „Generierung und Nutzung von Echtzeitinformationen"

Virtual Reality Technologie (virtuelle Realität, kurz VR)

In Zusammenarbeit mit UNICEF, Samsung und dem Produktionsstudio VRSE.works entstand „Clouds over Sidra", der erste virtual
reality Film über die syrische Flüchtlingskrise. Hier führt ein junges
Mädchen durch ihren Alltag im syrischen Flüchtlingslager Zaatari
in Jordanien. Der Betrachter taucht mit Hilfe einer Samsung VR
Brille vollständig in das Leben vor Ort ein. Christopher Szymczak
sieht großes Potenzial in der VR-Technologie. Sein aktuelles Projekt ist eine Filmreihe, die Entwicklungen der globalen Herausforderungen anschaulich demonstriert. Weiter möchte UNICEF die
VR-Technologie nutzen um interaktive virtuelle Schulungsvideos
für Kinder zu drehen und VR Filme für Spendensammlungen nutzen.

Innovation Principles

Zusammen mit USAID und weiteren Partner wurden die Innovati-
onsprinzipien „Principles for Digital Development" entwickelt, die
bereits von über 50 humanitären Organisationen und social Start
Ups adaptiert wurden. Bei den Prinzipien geht es u.a. um Nachhaltigkeit, Partnerschaften und Skalierbarkeit von Projekten. Die Prinzipien geben einen Rahmen
und Struktur für Innovationsprojekte vor.

Erfolgsfaktoren für Projekte

- Es werden ausschließlich Projekte gefördert und finanziert, die bereits schon ein erstes Produkt (zumindest MVP) und dieses bereits getestet haben (proof of concept)
- Team ist ausschlaggeben (Vielfältigkeit ist wichtig). Es sollte offen, flexibel, dynamisch und sehr vielfältig sein (diversity ist ausschlaggebend)
- Projektcontrolling wird in Echtzeitinformation gemessen (z. B. Zahl der Nutzer) um Probleme schnell zu lösen und Unterstützung zu bieten
- Wichtig: die Innovationsabteilung berichtet direkt an den Executive Direktor
- Unterstützung von der Geschäftsleistung und von den Länderbüros im Feld

Anhang 6: Gesprächsprotokoll: Jordi Renart

Experte:	Jordi Renart
Position/ Projekt:	Head of Programme
Abteilung, Ort:	Programme Policy, Country Office Beirut
Organisation:	UN World Food Programme, Beirut

Interviewer:	Michael Streitmayer
Datum:	12. Dezember 2016
Zeit:	10:00 – 10:46 Uhr
Ort:	Beirut (Audioaufnahme)

<u>Hintergrund</u>

Jordi Renart ist seit mehreren Jahren Head of Programme im WFP Country Office in Beirut/ Libanon. Die Abteilung Politik und Programm ist verantwortlich für die strategische Ausrichtung in Zusammenhang mit Ernährungssicherung (u.a. cash-based-transfer) und Ernährungsweise im Rahmen der Agenda 2030 im Libanon. Jordi Renart ist für die Innovationsprojekte (u.a. Lebensunterhalt, Einzelhandel) im Libanon zuständig.

<u>Innovation</u> = trying to improve product and quality

<u>Technologies</u> are not always related to innovation. Innovation bedeutet nicht gleich Technologien (auch wenn das beim WFP oft synonym behandelt wird), Arbeitsabläufe und Prozesse können in gleichermaßen weiterentwickelt und verbessert werden. In Innovationsprojekten im Libanon spielen Technologien eine unterstützende Rolle.

<u>Arbeitsansatz</u>

Schwer zu sagen woher die Ideen kommen. Ideen kommen dennoch eher von der Nachfrageseite als von der Angebotsseite. „Ideas based on the needs and how can we (WFP) adapt to that?" Die Ideen von der demand side sollten noch stärker gefördert werden

Erfolgsfaktoren in Projekten

Main success factor are: it must be needed, should be mainstream and management (bottom up vs. Top down -> both possible, depends on the situation)

Projektcontrolling

It's difficult to measure projects. Es gibt KPIs aber die werden im Laufe des Projekts staendig angepasst. Bisher gibt es kein stringentes Projektcontrolling in Libanon. „Innovation in the innovation"

Innovation „die Verbesserung von Prozessen, Systemen, Produkten etc."

Zusammenarbeit mit dem privaten Sektor und Regierung ist sehr wichtig. Es macht nicht immer Sinn mit dem privaten Sektor zusammenzuarbeiten, je nach Projekt muss abgewogen werden (it's not always a true partnership)

Schnellere Feedbackschleifen von und mit den privaten Unternehmen initiieren. Man benötigt klare Strukturen und genaue Arbeitsanweisungen.

Ideen müssen nicht zwingend von WFP intern kommen, man sollte eher versuchen Ideen oder Lösungen von anderen Bereichen/ Sektoren zu adaptieren. Die Organisation muss wissen, dass Innovationen Zeit und Geld kosten und vor allem müssen sich unterstützt und gewollt werden

Innovation Change: „Change has not arrived" -> WFP needs more engagement from managers/ the board; Größerer Fokus auf Kommunikation; richtige Richtung: Innovation Accelerator, interner Innovation Award, das Thema Innovation kommt langsam bei allen an. Vorschlag: „more accountability and incentives to move forward"

Zero Hunger until 2030 possible or not? Do we need Innovation?

Schwierige Frage, nicht sicher. Wir brauchen dafür Innovation, aber auch viele andere Dinge. Um die SDGs zu erreichen müssen sich Länder und ganze Arbeitsweisen ändern. Innovation/ Technologien sind nicht alles, tragen aber zur Erfüllung bei. Beispielsweise universell income, food distribution, agriculture, nutrition pill (z.b. > 2000 Kalorien in einer Pille) could change everything. -> Technologien ist nicht alles, wir müssen uns anders organisieren

Anhang 7: Gesprächsprotokoll: Bernhard Kowatsch

Experte:	Bernhard Kowatsch
Position/ Projekt:	Leiter WFP Innovation Accelerator &
Mitgründer ShareTheMeal	
Abteilung, Ort:	WFP Innovation Accelerator, München
Organisation:	UN World Food Programme

Interviewer:	Michael Streitmayer
Datum:	29. Dezember 2016
Zeit:	14:05 – 14:55
Ort:	Skype (Audioaufnahme)

Hintergrund

Bernhard Kowatsch arbeitet seit 2010 beim UN World Food Programme im Innovationsbereich, ist Mitgründer der ShareTheMeal App und seit 2015 Abteilungsleiter des WFP Innovation Accelerator in München. Die offizielle Eröffnung des Innovation Accelerators fand im Juli 2016 in München statt, an der u.a. Bundesaußenminister Frank-Walter Steinmeier und Entwicklungsminister Dr. Gerd Müller teilnahmen. 2016 wurden über 20 Projekte finanziell gefördert und mit Knowhow unterstützt. Eröffnung WFP Innovation Accelerator und WFP Innovation Accelerator: Boot Camp

WFP Innovation Accelerator

Innovationen wichtig für die Organisation, lange gab es keine zentrale Innovationsabteilung beim WFP bis 2015 die Innovation & Change Management Abteilung gegründet wurde in der Innovatonsthemen, Inhouse Consulting und Change Management (und Prozesse) gebündelt werden. Das ist einmalig im UN System. Ertharin Cousins (seit 2012 Executive Director WFP) ist ein großer Förderer von Innovationen. ShareTheMeal Vorläufer der Innovationen beim WFP, Bernhard Kowatsch hat über 70 Interviews sowohl intern als auch externe Gespräche (Apple, Google, Nike) geführt und Benchmarking zum Thema „Innovationseinrichtungen" erstellt um herauszufinden was/ wie Innovation beim WFP umgesetzt werden kann (z.B. Innovation lab vs. Incubator vs. Startup Accelerator etc.). WFP hat sich für den Accelerator Ansatz entschieden, weil die Organisation offen für Innovationen ist (ist nicht überall so), die Leute wollen innovativ sein und WFP war historisch gesehen schon immer innovativer als andere UN Organisationen. Accelerator ist abhängig von guten/ innovativen Leuten die unterstützt werden wollen (großer Unterschied zum Lap in dem physisch etwas entwickelt wird). Der Accelerator identifiziert innovative Ideen/ Projekte laed das Team zu einem 1-2 wöchigen Bootcamp nach München ein, in dem an der Idee und deren Umsetzung gearbeitet wird und unterstützt die Teams nachträglich bei der Ausarbeitung/ Umsetzung vor Ort (Libanon, Kambodscha, Südsudan, Guatemala, Peru...).

Innovationen = jeder kann dazu beitragen, richtige Ideen, Führungskraft die unterstützt

Warum braucht der humanitäre Sektor neue Ansätze und Lösungen?

Viele Sektoren und Bereiche suchen nach neuen Ansätze, nicht nur der humanitäre Bereich. Jeder ist auf der Suche nach innovativen Ansätzen. Die humanitären Organisationen machen Fortschritte was Innovationen betrifft, aber wir müssen neue Wege gehen und Innovationen sind einer davon. Im humanitären Bereich gibt es viele Hürden (die es anderswo nicht gibt), die Innovationen/ neue Ansätze schwieriger machen:

-        Im Silicon Valley wird nicht nur versucht ein bisschen besser zu machen, sondern das 10 oder 100 Fache, das ist so in der Nothilfe nicht möglich
-        Neue Wege = effiziente Wege, aber zu einem gewissen Risiko *Beispiel*: wollen Spender das ihre z.B. 100 EURO Spende den

zehnfachen Effekt haben oder vielleicht auch nur 50 EURO beim Bedürftigen ankommen

-> Risiko bei Innovationen

- Um mit Risiko umzugehen, arbeitet der Accelerator mit Lean Start Methode und Human-centered Design = best practice
- Privatwirtschaft/ Regierungen müssen mitfinanzieren, sonst wird es schwer. Spender wollen kein Risiko tragen
- Das richtige Timing für Innovationsprojekte ist viel schwieriger zu finden als im privaten Sektor
- Innovationen im humanitären Sektor oft schwierig, da Infrastruktur oft nicht vorhanden (Elektrizität, Telekommunikation etc.)

Sind die Innovationsmethoden aus dem privaten Sektor 1:1 im humanitären Sektor umsetzbar?

Innovationsprozesse (lean startup, human centered design) sind 100% einsetzbar, müssen aber angepasst werden. Was auch der Sinn von human centered design ist. Wie führe ich Interviews durch, wer führt Test mit der local community durch. WFP Mitarbeiter in über 83 Ländern der Welt aktiv, dementsprechend sind überall Mitarbeiter die die lokalen Bedingungen (Regierung, NGOs, Leute etc.) kennen. Größter Unterschied: MVP (minimal viable product) -> MVP ist schief gelaufen, deshalb hat z.b. der Bauer nichts zu essen (das geht nicht!!) Man kann nicht so leicht herangehen wie bei Tech Startups

Erfolgsfaktoren

- Geldmittel/ Risikokapital um u.a. early stage Innovationen und Scale-up Idee zu finanzieren
- Unterstützung der Organisation z.B. mit Innovation Labs/ Hubs/ Accelerator

⇨ Accelerator 2017: Field innovation hubs: Innovationsspezialisten sitzen in den Länderbüros vor Ort und treiben Innovationsprojekt voran; enge Zusammenarbeit mit Universitäten, Startups...

-       Direct reporting an CEO, andernfalls fehlt der Rückhalt von der Organisation

-       Partnerschaften; jedes Accelerator Projekt arbeitet in einer Partnerschaft mit einer NGO, Startup usw. Zusammen -> wie kann man Innovation mit großem Potenzial am besten identifizieren (bis zum proof of concept) und es dann skalieren. Dabei helfen Partnerschaften ungemein

Anhang 8: Gesprächsprotokoll: Brent Dixon

Experte: Brent Dixon
Position/ Projekt: Gründer, Lehrbeauftragter &
Innovationsexperte
Organisation: Singularity University & UN Non-
Governmental Liaison Service

Interviewer: Michael Streitmayer
Datum: 12. Januar 2017
Zeit: 19:00 – 19:42
Ort: Skype (Audioaufnahme)

<u>Hintergrund</u>

 Brent Dixon ist ein interdisziplinärer Designer, Lehrer, Tüftler, Querdenker und leidenschaftlicher Unternehmer. Er arbeitete bereits mehrere Jahre als Innovationsspezialist und Prototyper für das UN Office of Information and Communications Technology (UN-Sekretariat) und UN Non-Governmental Liaison Service in New York, war Lehrbeauftragter in Finance im Silicon Valley Think Tank, Singularity University, ist Produzent, Mentor und Redner bei TEDx Veranstaltungen und mehrfacher Gründer u.a. von „The Habdash" einem interdisziplinären Kreativestudio.

Die Interviewfragen beziehen sich hauptsächlich auf seine Zeit bei der UN und Singularity University

<u>Singularity University</u>

Singularity University ist eine globale Gemeinschaft, die exponentielle Technologien zur Bewältigung der weltweit größten Herausforderungen nutzt. Die Lern- und Innovations-plattform ermöglicht es Einzelpersonen und Organisationen mit der Denkweise, dem Know-how und dem Netzwerk, bahnbrechende Lösungen zu entwickeln, um Technologien wie künstliche Intelligenz, Robotik, Nano- und Informationstechnologie, und digitale Biologie zu nutzen. Dabei setzt die Gemeinschaft auf Unternehmer, Unternehmen, Entwicklungsorganisationen, Regierungen, Investoren und akademische Institutionen. In den Innovationslaboren können 3D-Drucker und Scanner, Roboter, Virtual Reality Headsets, Drohnen und eine breite Palette an Software- und Prototypenwerkzeugen erforscht und getestet werden. Das Motto des kalifornischen Think Tanks lautet: „Die Menschheit auf Wandel vorbereiten, der immer schneller kommt".

UN-Secretariat & **UN Non-Governmental Liaison Service** (UN-NGLS)

Das Office of Information and Communications Technology ist verantwortlich für die strategische Ausrichtung der Informations- und Kommunikationstechnologie der UN. Das Buero gehört zum UN-Sekretariat (englisch United Nations Secretariat) dem Verwaltungsorgan der Vereinten Nationen. Unter seiner Führung wurde die Technologie- und Innovationsabteilung (kurz Unite Labs) gegründet. Experimente, unternehmerisches

Es wurden u.a. Innovation Labs eröffnet - offene Räumlichkeiten für Zusammenarbeit und Austausch, technologische Denken und Innovationen (act as facilitator).

UN-NGLS ist ein interinstitutionelles Programm der Vereinten Nationen, das beauftragt ist, konstruktive Beziehungen zwischen den Vereinten Nationen und Organisationen der Zivilgesellschaft aufzubauen. *„We believe in the power of community, cross-sector mentorship, open dialogue, and collective action to transform the United Nations' work of ending poverty and inequality, ensuring healthy lives and access to education, empowering women and girls, and protecting our planet"*.

Innovation Change im humanitären Sektor: Das UN System macht gerade enorme Anstrengungen um innovative Techniken, Abteilungen, Prozesse, Ideen, Produkte/ Service zu schaffen und einzuführen. Manche Organisationen in der UN sind schon weiter und zeigen größere Kraftanstrengungen als andere (best practice/ benchmark UNICEF Innovation)

Sind die Innovationsmethoden aus dem privaten Sektor 1:1 im humanitären Sektor anwendbar?

Nicht zu 100%, aber viele Innovationsmethoden können übernommen werden. Humanitärer Sektor einzigartig, Partnerschaften mit dem privaten Sektor wichtig. Der private Sektor kann auch viel vom humanitären Bereich lernen (Ethik etc.) Zentraler Punkt: designing with the user/ customer (Stichwort: human-centered design)

Erfolgsfaktoren

- Zusammenarbeit mit Champions und Leaders innerhalb und außerhalb der Orga.
- Finanzierung (flexible Finanzierung)
- Creating a startup system
- Zugang zu Community + support system
- Learning and support mechanism
- Strong system of values, principles and vission and mission -> die Ausrichtung sollte jeder Mitarbeite kennen
- Mentorenschaft mit privatem Sektor (z.B. Microsoft, Google)
- Huminity and Openness, a different way of thinking, community-minded
- Partnerschaften bilden spezifische Herausforderungen mit spezialisierten Partner angehen und umsetzen

Anhang 9: Gesprächsprotokoll: Sandra Ertel

Experte:	Sandra Ertel
Position/ Projekt:	Projektleiter
Abteilung:	WFP Innovation Accelerator
Organisation:	UN World Food Programme

Interviewer:	Michael Streitmayer
Datum:	20. Dezember 2016
Zeit:	10:04 – 10:56
Ort:	Rom (keine Audioaufnahme)

Hintergrund

 Sandra Ertel ist seit 1,5 Jahren Projektleiterin beim WFP Innovation Accelerator in München. Mitarbeiterin im Projekt „Zero Post Harvest Losses", das kostengünstige, lokal produzierte Silos verkauft und Schulungen für Kleinbauern in Entwicklungsländern zur Verfügung stellt.

Projektidee

In dem aktuellen „Digital Work" Projekt im Libanon handelt es sich um ein Pilotprojekt das im ersten Schritt sowohl Flüchtlingen (hauptsächlich Syrien und Irak) als auch Libanesen in 6 Wochen Workshop Computerkenntnisse vermittelt. Im nächsten Schritt werden Unternehmen gesucht die Impact Sourcing betreiben, also das sozial verantwortliche Auslagern von Arbeit an sozial benachteiligte Menschen. Dabei geht es in der Regel um einfache digitale Arbeiten.

- Ähnliche Projekte gibt es bereits in Afrika und Asien, aber noch nicht im Nahen Osten

- Nach einer ersten Marktanalyse fiel die Wahl auf Libanon: Gute Infrastruktur (sowohl IT als auch Unternehmen/ Universitäten), relativ hohes Bildungsniveau, Englischkenntnisse vorhanden und das Lohnniveau stimmten und WFP Country Office in Beirut offen für Innovationen
- Projektstart „viele Unbekannte, wie probieren einfach mal"
- Ansatz: Lean Startup und Human-Centered-Design
- Partner vor Ort gesucht: Samasource* und American University of Beirut, die sich mit Lehre und IT-Training auskennen
- Finanzierung durch WFP Innovation Accelerator und WFP Country Office Beirut
- Von Oktober – Dezember 2016 wurde ein Pilot ausgerollt: dabei wurden Teilnehmer rekrutiert, Räumlichkeiten gesucht, Kurrikulum erstellt (6 Wochen Training: 3 Wochen allgemeine Fähigkeiten, 2 Wochen IT Unterricht, 2 Wochen Fallbeispiele) und die ersten Trainings erfolgreich durchgeführt (2016 ca. 150 Teilnehmer; 2017 ziel 1000 Teilnehmer)
- Aktueller Stand: Libanesische Regierung wehrt sich gegen die Einstellung von Flüchtlingen in den libanesischen Arbeitsmarkt.

Deshalb Konzentration auf IT Ausbildung/ Fortbildung und Englischunterricht (educational benefit sehr hoch) ohne Integration in den Arbeitsmarkt. WFP wird 2017 Praktikumsplätze für erfolgreiche ausgerollt

Projektziele 2017: WFP wird 2017 Praktikumsplätze für erfolgreiche Teilnehmer anbieten. Voraussichtlicher Projektstart in Irak und Jordanien.

Projektcontrolling: Es gibt verschiedene KPIs, also Kennzahlen anhand dieser der Fortschritt bzw. Erfüllungsgrad gemessen wird (sehr schwer bei humanitären Innovationsprojekten). KPIs für Team, Impact, Innovation

Erfolgsfaktoren/ Herausforderungen:

+ Interne Mitarbeiter müssen Innovation vorantreiben und fördern

+ Vor Ort sein hilft (2 WFP Innovation Accelerator
Mitarbeiter haben das Projekt vor Ort vorangetrieben)

+ Stringentes Projektmanagement

+ Starke Partner an Bord holen (Samasource = big
Player)

- Es mangelt an Innovationserfahrung bei vielen
WFP Mitarbeitern

- Häufig fehlt es an zeitlicher Kapazität (Mitarbeiter
müssen sich um Hauptgeschäft kümmern)

Was hilft/ was hat geholfen um Innovationen in der Organisation zu
verstärken?

+ Das Management muss 100% dahinter stehen und
die Ideen mittragen („ist bei WFP der Fall"), die offizielle
Eröffnung des Innovation Accelerator im Juli 2016 in München, der interne Innovation Award für innovative Ideen

- Interne Kommunikation (noch nicht alle kennen
den Innovation Accelerator)

- Externe Kommunikation muss verstärkt werden

- Mitarbeiter sträuben sich noch gegen den
„Change"

*Samasource is a nonprofit organization with the mission to reduce
global poverty by connecting marginalized people to digital work.
Since then, Samasource employed more than 8,000 people in
Kenya, Uganda, India, and Haiti.